D1619188

Besuchen Sie uns im Internet:

www.kirchenshop-online.de

Hinrich C. G. Westphal

Wege und Wunder

Unterwegs als Pfarrer und Journalist

Friedrich Wittig Verlag

Der Theologe und Journalist Hinrich C. G. Westphal, Jg. '44, war 26 Jahre Pressepastor in Hamburg und leitete das »Amt für Öffentlichkeitsdienst« der Nordelbischen Ev.-Luth. Kirche. Er gründete die »Projektgruppe Glaubensinformation« um Prof. Helmut Thielicke, die Fastenaktion »7 Wochen ohne« und den Verein »Andere Zeiten«, dessen Chefredakteur er bis 2009 war. Heute ist er Vorstandsvorsitzender, schreibt Kolumnen, Bücher, Gedichte und lebt in der Hansestadt.

Fotos Titel und S. 4, 63, 67, 74, 80, 87, 89, 96, 100, 106, 111, 114, 117: Boris Rostami-Rabet, Hamburg. Die weiteren Rechteinhaber stehen unter den Bildern. Doch war es nicht immer möglich, die Herkunft zu klären. Ggf. ist der Verlag für Hinweise dankbar.

ISBN 978-3-8048-4508-4

INHALT

Quellenhinweise

»Nordelbische Stimmen«
Forum für kirchliche Zeitfragen in Hamburg und
Schleswig-Holstein
Evangelischer Presseverband Nord e.V.
Gartenstraße 20
24103 Kiel

»12 gute Gründe, in der Kirche zu sein«
Amt für Öffentlichkeitsdienst
www.kirchenshop-online.de/Gemeinde/
Broschueren.html

»7 Wochen ohne«
Pötzschauer Weg
04579 Espenhain
www.7wochenohne.de
Tel. 069/58098-247

»7 Wochen anders leben«
»Der Andere Advent«
»Ich geb' Dir einen Engel mit … Erfahrungen mit einem
Symbol« (6. Aufl. 2010, mit und ohne Engel)
»sonntags – Erfindung der Freiheit« (2. Aufl. 2011)
Andere Zeiten e.V.
Fischers Allee 18
22763 Hamburg
www.anderezeiten.de
Tel. 040/4711 2727

Liebe Leserin, lieber Leser,

nein, eine Autobiographie schreibe ich nicht. Das sollen Zeitgenossen tun, die sich für prominent halten. Aber weil ich in rund 40 Jahren viele Felder beackert und unterschiedliche Projekte angeschoben habe, will ich auf den folgenden Seiten ein wenig davon erzählen. Wenn sich daraus einige Erkenntnisse für Mission und Glaube ergeben, wird es mich freuen.

Ich stamme aus einem Pfarrhaus, in dem die Begeisterung für die Sache mit Gott an alle Kinder weitergegeben wurde. So studierten meine beiden Schwestern Theologie für das Lehramt und mein Bruder wurde wie mein Vater Gemeindepastor und Superintendent. Weil ich aber schon früh journalistisch tätig war, wollte ich etwas andere Wege einschlagen. So wurde meine erste Predigtstelle eine Hamburger Haftanstalt, während ich alltags als Pressepastor, Chefredakteur, Ghostwriter und Seelsorger tätig war. Zu meiner Gemeinde gehörten Seeleute und Gefangene, Journalistinnen und Journalisten, Taxifahrer und Menschen, die eher am Rand der Kirchen stehen. So gesehen war ich „ein unregelmäßiges Verb", wie ein Oberkirchenrat feststellte, wobei ich nicht genau weiß, ob er das kritisch oder wertschätzend meinte. Vielleicht wusste er es selbst nicht so genau.

Wer seit vier Jahrzehnten Öffentlichkeitsarbeit betreibt, erlebt viel Stress, einige Auseinandersetzungen, natürlich auch mal Misserfolge und Müdigkeit. Vor allem aber spannende und berührende Begegnungen, tiefe Freundschaften, überraschende und begeisternde Erfolge. So kann ich immer noch darüber staunen, dass die „Glaubensbriefe" meiner Projektgruppe oder die Adventskalender von „Andere Zeiten" so viele Millionen Leser gefunden haben. Und ich bin zutiefst dankbar, wenn ehemalige Gefangene oder niedergedrückte Frauen, die ich als Seelsorger begleitet habe, wieder aufblühen und neu anfangen. Sicher habe ich einige Gaben mitbekommen, aber dafür kann ich selbst herzlich wenig. Stattdessen empfinde ich vieles von dem, was um mich herum geschieht, als Wunder und Geschenk. Da kann ich Katja Ebstein zustimmen, die 1970 beim Eurovisionsfestival in Amsterdam sang:

> „Wunder gibt es immer wieder,
> wenn sie dir begegnen, musst du sie auch sehn."

Ich wünsche Ihnen und mir, dass wir trotz mancher Gründe zum Klagen ein Auge behalten für die Wunder auf unseren Wegen und nicht verlernen, über diese Geschenke Gottes zu staunen.

Hinrich C. G. Westphal

Zwischen Vorurteil und Sehnsucht

Mit einer vollen Bücherkiste eine steile Gangway hoch-
zuklettern ist gar nicht so leicht. „Immer eine Hand
für den Körper", hatte mir mein Chef, ein altgedienter See-
mannspastor, als Faustregel mitgegeben. Und so hangelte
ich mich nach oben, bis ich das Schiffsdeck unter den Fü-
ßen spürte. Durch die Eisentür – Kopf einziehen – den
Gang entlang, eine Drehung nach Backbord, und ich stand
mitten in der vollen Mannschaftsmesse. Alle Köpfe dreh-
ten sich zu mir, „Wo kommst du denn her?", fragte einer
quer durch den Raum. „Von der Deutschen Seemannsmission", antwortete ich. „Was, Seemannsmission?", rief der
Fragende: „Meine Lebens-Philosophie ist: eine Flasche auf
dem Tisch und eine Frau im Arm!" Alles lachte und schaute
erwartungsvoll zu mir herüber. Ich fragte ihn provozierend
zurück: „Wollen Sie mal besoffen mit einer Hure ihm Arm
abkratzen?" Gelächter. Die Köpfe der Besatzung wandten
sich wieder dem Kollegen zu, der konterte: „Wie willst du
denn ins Gras beißen, mit einem Choral?" – „Wenigstens
mit dem Bewusstsein, ein sinnvolles Leben gehabt zu
haben", entgegnete ich. Schlag auf Schlag ging unser Wort-
gefecht weiter, bis mein Gegenüber mit einem Kraftwort
die Messe verließ und die Tür hinter sich zuschlug. Sofort
änderte sich die Atmosphäre, andere baten mich an ihren
Tisch: „Setzen Sie sich doch. Wissen Sie, so wie der denken wir ja auch nicht. Wir meinen immer: leben und leben
lassen …" Ein sachliches Gespräch kam in Gang. Es endete damit, dass mich ein Matrose zu einem Bier in seine
Kajüte bat, um über persönlichere Probleme zu reden.

1967: Der Autor als Seemannsmissionar auf Schiffsbesuch im Bremer Hafen. (Foto: Albrecht Westphal)

Eigentlich war die Seemannsmission recht beliebt, weil sie in den Hafenstädten viel für die Seeleute tat. Allein in Bremen, wo ich in den Semesterferien als Seemannsmissionar Dienst tat, betrieb sie zwei Wohnheime und besuchte regelmäßig die Schiffe. Der Ton war manchmal rau, die Diskussionen kontrovers, aber sie machten mir meistens Spaß. Als Pastorensohn kriegt man einiges zu hören. So musste ich früh lernen, meinen Glauben argumentativ und schlagfertig zu vertreten: in der Schule, bei Freunden, auf Partys. An der Uni, bei Seeleuten, in Gefängnissen oder in meiner Stammkneipe ging es genauso weiter: „Was, du bist Theo-

10

loge? Du siehst doch sonst ganz normal aus." Oft stellt sich einer mit einem Ich-sage-dir-was-dir-noch-nie-einer-gesagt-hat-Gesicht vor mir auf und erzählt mir etwas über Widersprüche der Bibel oder Unglaubwürdigkeit von Pastoren. Meist folgen Vorurteile, abgestanden und immer gleich. Ich könnte sie nummerieren. Von der Frage, wo Kain seine Frau hernahm, bis zu Pille und Zölibat – was meine Fakultät ohnehin nicht betrifft – wird einem alles triumphierend vor die Tür gekippt. Manchmal ärgert oder langweilt es mich, wie wenig meine Diskussionspartner über unsere jüdisch-christliche Tradition wissen, ganz zu schweigen von den Erkenntnissen der Theologie der letzten hundert Jahre und der historisch-kritischen Forschung. Wenn ich über Psychologie, Politik oder Fußball so wenig wüsste wie jene Zeitgenossen, würde ich lieber meinen Mund halten. Aber auf meinem Gebiet hält sich fast jeder für kompetent.

An einem Freitagabend wollte ich eigentlich nichts anderes, als in meiner Eppendorfer Kneipe in Ruhe meinen Rotwein trinken. Aber als mein Thekennachbar erfuhr, dass ich Pastor war – das sprach sich immer sofort rum –, hatte er offenbar den Wunsch, mir mal ordentlich seine Meinung zu sagen. Er sei Naturwissenschaftler aus Leipzig, stellte er sich vor, und halte nichts von der Bibel, erst recht nichts von Gott. Als ich mit ihm diskutieren wollte, war ich ziemlich geschockt: Er hatte null Ahnung! In eine Bibel hatte er nie reingeschaut, erst recht nicht in irgendeinen theologischen Artikel. Dafür hatte er eine Fülle von Vorurteilen.

Dann fing er mit der Frage an, warum Gott Kriege, KZs, Unglücke und Gewalt zulasse. Die Theodizee, ein wichtiges Thema, an dem sich schon Generationen von Theologen die Zähne ausgebissen haben. Warum stoppte Gott die Nazis nicht? Warum fiel er nicht Milosevic, Saddam Hussein oder

11

Kim Jong Il in den Arm? Was ist der Sinn von tausendfachem Leid? Ehrlich gesagt: Ich weiß es nicht. Ich vertraue aber dem, der einen höheren Sinn weiß. Und ich glaube, dass er uns Menschen die Freiheit gab, unseren eigenen Weg zu wählen, zum Guten wie zum Bösen. Mein Nachbar regte sich mächtig auf: Was sei das für ein ohnmächtiger Gott, der jene Diktatoren in solchen Krisen einfach gewähren lasse?

Später am Abend fragte ich ihn, ob er Vater sei. Stolz bejahte er das, sein Sohn sei 23 Jahre alt. „Dann werden Sie sicher sehr auf ihn aufpassen und energisch eingreifen, wenn er Fehler macht", meinte ich. Er aber lachte empört auf: „Um Himmels willen, wo denken Sie hin? Ich werde mich hüten, ihm irgendwie reinzureden! Schließlich ist er erwachsen, da lasse ich ihm alle Freiheit!" – „Sie sagen es", antwortete ich, „genauso ist es mit Gott."

Herausfordernder und anspruchsvoller finde ich Auseinandersetzungen mit dem Atheismus, die der Oxforder Naturwissenschaftler Richard Dawkins mit seinem Buch „Gotteswahn" unlängst polemisch befeuerte. Allerdings verlässt der anerkannte Biologe ziemlich gewagt den Boden seiner eigenen Wissenschaft und wendet sich sträflich verallgemeinernd gegen einen christlichen Glauben, wie man ihn eher in fundamentalistischen Landstrichen Amerikas antrifft. Die Einsichten europäischer Theologen des letzten Jahrhunderts kennt er nicht oder ignoriert sie zugunsten einer publicityträchtigen Polemik. Doch auch er ist auf ein Denken angewiesen, das menschlich und damit naturgemäß begrenzt ist.

Das zeichnet seriöse Wissenschaftler aus, dass sie die Grenzen der Erkenntnis und ihrer Wissenschaft respektieren. Auch Forscher sind nur Lebewesen des Planeten Erde mit seiner existenzgebundenen Vernunft. Sie sind abhängig von einem Vertrauen auf Sprache und auf die Tragfähigkeit ihres Denksystems. So hat schon Werner Heisenberg festgestellt, „dass wir stets irgendwo in der Mitte anfangen müssen, über die Wirklichkeit zu sprechen, und dass selbst die schärfsten Begriffssysteme nur tastende Versuche sind, uns in begrenzten Bereichen der Wirklichkeit zurechtzufinden". Erstaunlich, wie behutsam viele Atomphysiker über ihr eigenes Gebiet reden und wie viele von ihnen sich neben allem Forschen für religiöse Themen öffnen und keine Konkurrenz zwischen Vernunft und Glauben sehen.

Beten und Forschen schließen sich nicht aus.
(Foto © Jim Zuckerman/CORBIS)

Auch beim christlichen Glauben kommt es auf Offenheit des Denkens und auf Vertrauen an. Auf Offenheit, denn wenn Gott tatsächlich selbst die Wahrheit ist, dann müsste eine tabulose Suche nach Wahrheit letztlich immer zu ihm führen. Auf Vertrauen, weil man nicht durch Beweise zum Glauben kommt, sondern nur dadurch, dass man es wagt, auf Gott zu setzen und versuchsweise so leben, als ob er wäre. So könnten wir den Glaubenserfahrungen der Väter und Mütter vertrauen, die vor uns waren. Die Gottesdienste und die Gemeinschaft der Christenmenschen aufsuchen und mitfeiern. Beten, als ob Gott uns hört, ihm unsere Sorgen anvertrauen. Einen Mitmenschen lieben und ihm vergeben, um zu erfahren, ob Nächstenliebe wirklich trägt. Selbst wenn solche Versuche keine befriedigende Antwort ergäben, wären sie für unser Leben nicht sinnlos gewesen.

Meine Diskussionen mit Zweiflern oder Agnostikern zeigen mir immer wieder, dass unser Herz voller Sehnsucht und Fragen ist, bei denen auch Forscher im Dunkeln tappen. Ihre Radioteleskope haben jedenfalls vom Rand des Kosmos noch kein Signal des Gottes eingefangen, den laut Bibel „aller Himmel Himmel nicht fassen können". Ob es nun ein weiteres Universum gibt oder mehrere: Wir sind nicht einmal in der Lage, unser eigenes zu verstehen. Wie viel weniger könnte der Aktionsradius unseres Verstandes, der selbst nur ein Teil dieser Erde ist, einen Gott erreichen? So bleibt mir selbst trotz aller Fortschritte ein demütiges Staunen, das keiner tiefer ausgedrückt hat als Matthias Claudius in seinem Lied: „Der Mond ist aufgegangen":

> „Seht ihr den Mond dort stehen?
> Er ist nur halb zu sehen
> und ist doch rund und schön.
> So sind wohl manche Sachen,
> die wir getrost belachen,
> weil unsre Augen sie nicht sehn."

Gott im Knast

Als mein Studium beendet war, landete ich im Gefängnis, wenn auch nur beruflich.

Die halboffene Männeranstalt in Neuengamme war früher ein KZ. Dort sollte ich als Vikar predigen, Seelsorgegespräche führen und eine Gesprächsgruppe leiten. Wer meine Klaustrophobie kannte, wunderte sich, aber ich fühlte mich im Gefängnis irgendwie freier als in meiner gewohnten bürgerlichen Gemeinde. Der Ton war rauer, weniger harmonisch, Zwischenrufe inbegriffen.

Eines Sonntags saßen 60 Häftlinge in ihrer blauen Einheitskleidung vor mir. „Einer trage des anderen Last" war das Thema meiner Predigt. Ich hatte mich sorgfältig vorbereitet und war zufrieden mit meinem Manuskript. Direkt nach der Uni neigt man ja noch zu theologischen Höhenflügen und zu sprachlichen Finessen. Aber mitten in meiner gut vorbereiteten Predigt unterbrach mich ein Gefangener, indem er laut dazwischenrief: „Was reden Sie für einen Mist! Hier im Knast trägt keiner die Last des anderen. Hier ist sich jeder selbst der Nächste." Andere redeten auf den Zwischenrufer ein, aber er ließ sich nicht beruhigen: „Hier geht es um Fressen und Gefressenwerden. Alles andere ist frommer Schwindel!" Ich atmete tief durch, dann schob ich meine schöne Predigt bedauernd beiseite, stieg meine Kanzel hinab und begann eine öffentliche Diskussion mit dem Zwischenrufer. „Ich kenne Sie noch nicht. Wie lange sind Sie schon in dieser Anstalt?", fragte ich ihn. Er war seit zwei Wochen da. „Dann erzähle ich Ihnen mal, was ich hier in den letzten Monaten erlebt habe", sagte ich und berichtete, wie geduldig Neuzugänge oft in das Gefängnisleben eingeführt wurden. Da schrieben einige „Knackis" für andere Gesuche, da übernahmen Urlauber draußen Botengänge für ihre Mithäftlinge. Da fühlte sich unsere fünfköpfige Musikband so mitverantwortlich für das Gelingen der Gottesdienste, dass sie sogar auf ein paar Stunden Familienurlaub verzichtete, um den Kameraden eine Weihnachtsfeier zu gestalten. So entwickelten sich auch im Knast kleine Ansätze zu Gemeinschaft und gegenseitiger Hilfe. „O.K.", räumte der Zwischenrufer ein: „Ich habe auch schon einem Zellennachbarn, der nicht so gut formulieren kann, einen Brief geschrieben. Aber das hat doch nichts mit Christlichkeit zu tun." – „Nicht unbedingt", bestätigte ich. „Aber vieles von dem, was hier an Hilfe geschieht, wird von Leuten und ehrenamtlichen Gruppen getan, die Christen sind und Kraft aus ihrem Glauben holen." – „Ja, so geht es mir auch", mischte sich einer aus der Band ein und erzählte von seinen mühsamen Versuchen, neu anzufangen und auf andere zuzugehen: „Aber oft bin ich an einem Punkt, dass ich nicht mehr weiß, wo es langgeht. Dann versuche ich es mal mit Beten." Eine allgemeine Diskussion über Leben und Glauben begann, und das ist im Knast sehr viel.

Als ich mit der S-Bahn nach Hause fuhr, hatte ich viel zum selbstkritischen Nachdenken. Offensichtlich kam es weniger auf darauf an, dass ich etwas theologisch korrekt und sprachlich geschliffen formulierte. Von manchen meiner Thesen und Lieblingsformulierungen würde ich mich in Zukunft verabschieden müssen. Sie taugten nicht, diese Zielgruppe in ihrem Alltag und bei ihrer Sehnsucht abzuholen. Wichtiger waren menschliche Nähe, seelsorgerliches Einfühlungsvermögen und handfeste Übersetzungsarbeit. So brachten mir meine Knackis konkretes Predigen bei, eine Lektion, die ich auch für meine journalistische Arbeit in Zukunft gut brauchen konnte.

1976: Predigt im Kirchsaal der halboffenen Männeranstalt Neuengamme. (Foto: Kiesel)

Ein Jahr später, als ich meine Predigt zum zweiten Examen halten musste, war der Kirchsaal ziemlich voll. „Sind wir noch Ebenbilder Gottes?" war mein Thema. Die Prüfer sahen so aus, als fühlten sie sich inmitten der 80 Häftlinge nicht wohl, aber dafür war ihr Prüfling gut drauf. Ich hatte in einem anderen Bundesland einen Beurteilungsbogen für Gefangene ausgegraben und stellte ihn meiner Gemeinde vor. Auf dem Formular standen lauter vorgedruckte Beurteilungen, von der äußeren Haltung des Häftlings über seinen Arbeitswillen bis hin zu seinen Charaktereigenschaften. Da stand dann zum Beispiel:

Verhalten:
still, bescheiden, zurückhaltend, vorlaut, zugänglich, freundlich, eigensinnig, Mitläufer, Hetzer

Charaktereigenschaften:
gutmütig, boshaft, empfindlich, reizbar, jähzornig, rücksichtslos, scheinheilig, misstrauisch

Alles vorgedruckt. Musste ein Aufsichtsbeamter einen Häftling beurteilen, dann brauchte er nur auf dem Bogen die passenden Worte zu unterstreichen, schon war die Beurteilung fertig. So einfach entstand das äußere Bild eines konkreten Menschen. Wie er zu diesem Bild geworden und was für ein Mensch er in Wahrheit war, stand da nicht. Tatsächlich wurden nicht nur Häftlinge, sondern auch Vollzugsbeamte nach einem ähnlichen Schema beurteilt. In meiner Predigt folgerte ich daraus:

„Auch wir machen uns ein sehr oberflächliches Bild von den Leuten um uns herum und wissen meist gar nicht, wie sie in Wirklichkeit sind. Wir sehen sie einfach so, wie wir sie sehen wollen ... Wir sind alle schnell mit Urteilen und Vorurteilen bei der Hand und lassen den anderen oft schon nach dem ersten Blick merken, dass er in unseren Augen ein Idiot ist. Wir verurteilen voreilig und werden unsererseits abgestempelt, ohne dass wir einander wirklich kennen.

Darum habe ich mich gefragt: Wenn einer die Wahrheit über uns wüsste, die ganze Wahrheit, was müsste der von uns halten? Ich habe mich gefragt: Was würde der Gott, von dem die Bibel erzählt, von uns halten? Der Gott, gegen den wir alle unsere Vorurteile haben. Der Gott, den wir weder beweisen noch widerlegen können. Der Gott, an den ich glaube und den ich doch nicht in den Griff bekomme.

Dieser Gott nimmt unseren Beurteilungsbogen in die Hand und sagt: 'Machen wir uns nichts vor! Du bist nicht so, wie du eigentlich sein solltest. Ich habe mir dein Leben anders gedacht. Aber ich weiß, wie es in dir aussieht. Ich weiß, wie du dich hinter deiner verbitterten Maske nach Hilfe sehnst. Darum können dich alle ablehnen, ich lasse dich nicht fallen. Lass sie auf den Bogen deines Lebens schreiben, was sie wollen. Ich schreibe darüber: *Ungültig!* Lass sie dich einen Lügner, einen Feigling, einen Versager nennen. Ich schreibe stattdessen mit großen Buchstaben darüber: *Von Gott geliebt!*'

Und dieser Gott will zu uns allen sagen: 'Ihr sollt meine Partner sein. Nicht, weil ihr so tolle Kerle seid – das seid ihr nicht –, sondern weil ich euch trotz eurer Fehler angenommen habe. Ich will euch einen Neuanfang schenken' …"

Da saßen sie vor mir, die Betrüger, die Schläger, der Nazi. Sie hörten aufmerksam zu, als ich ihnen an konkreten Beispielen ausmalte, wie ein Neuanfang in ihrer Gefangenen-

Situation aussehen könnte. An die Prüfer habe ich gar nicht mehr gedacht, aber sie haben die Predigt, wohl auch aus Respekt vor der besonderen Situation, sehr freundlich beurteilt.

Als meine Ordination zum Pastor anstand, weigerte ich mich, mit anderen Kollegen in einem großen Gottesdienst in der Hamburger Hauptkirche St. Michaelis zu feiern. Ich wollte inmitten meiner Knackis in Neuengamme ordiniert werden. Der Hamburger Bischof, Hans-Otto Wölber, und mein Professor, Helmut Thielicke, ließen sich darauf ein. So begann mein Beruf in meiner geschlossenen Gesellschaft mit Jazzmusik und viel Beteiligung, diesmal ohne Zwischenrufe.

Mein alter Knastkollege, Pastor Werner Weigelt, gab mir die Erfahrung auf den Weg: „In unserem Beruf ist der Misserfolg das Normale. Aber dann gibt es noch die Wunder Gottes, von denen leben wir." Recht hatte er. Eines dieser Wunder steht mir noch heute, über 30 Jahre später, leibhaftig vor Augen: Der ehemalige Gefangene, für den ich sogar Bewährungshelfer war, ruft auch heute noch wöchentlich an, erzählt mir von seinem Beruf. Und bei technischen Problemen steht er mir freundschaftlich zur Seite.

Eine Rose für Pastorix

Nordelbische Stimmen heißt ein Magazin für kirchliche Mitarbeiter. Solche Zeitschriften können nötig und nützlich, manchmal aber furchtbar dröge sein. „Da muss mehr Leben rein", sagte mein Freund Peter F. Möller, als er die Verantwortung für diese Zeitschrift übernahm. „Auch Augenzwinkern?", fragte ich. „Gerade Augenzwinkern", sagte er. Und weil die Kirchenvorstände damals neu gewählt wurden, schrieb ich ihm ein Gedicht:

Es war Kirchenvorstandswahl.
Als die Stimmen ausgezählt,
pfiff ich einen Dankchoral,
denn man hatte mich gewählt.

Sonntags wurd ich eingeführt,
selbst die Predigt sprach mich an.
Ich war innerlich gerührt,
denn mein Amt fing geistlich an.

Geistlich sollte darum auch
meine erste Sitzung sein.
Weil ich dachte, es sei Brauch,
steckte ich ne Bibel ein.

Überpünktlich, aber schüchtern,
nahm ich dann im Pfarrhaus Platz.
Es begann noch etwas nüchtern
mit dem Steuerhebesatz.

Würden wir danach wohl beten,
fragte ich voll Neugier ganz,
doch dann ging's um Jugend-Feten,
Bier und Cola, Sex und Tanz.

Anschließend um Müllbehälter
und um Geld für'n Kindergarten.
Unser Abend wurde älter,
meine Bibel musste warten.

Dann kam man im höh'ren Sinne
auf die Kirche schon zu sprechen:
die defekte Regenrinne
und auf ähnliche Gebrechen.

Endlich kurz nach Mitternacht,
nach Programmpunkt „Rasenmäher",
war der Tagesplan vollbracht
und die Schlussandacht rückt näher.

Wirklich bat der Pastor mich,
meine Bibel herzugeben.
(Ihre Größe eigne sich,
den Projektor anzuheben.)

Und dann sah'n wir Baumodelle
von Gemeindehaus-Toiletten.
Schluss gemacht wurd' auf die Schnelle,
denn man wollte in die Betten.

Und so haben wir dann doch
vier, fünf Stunden abgesessen.
(Außerdem hab ich auch noch
meine Bibel dort vergessen).

Als ich langsam abwärts schritt,
müd mich haltend an Geländern,
nahm ich doch den Vorsatz mit:
Hier musst du noch vieles ändern!

Das Gedicht gefiel, tat niemandem weh und wurde bundesweit nachgedruckt. „Du kannst ruhig noch etwas frecher werden", sagte Peter. „Dann brauche ich aber ein Pseudonym", sagte ich und nannte mich *Pastorix*. In der Folge pikte *Pastorix* mit spitzer Feder in kirchliche Missstände, rechte Intrigen, diakonische Skandale oder feministische Übertreibungen.

»Pastorix« mit seiner streitbaren Feder. (Karikatur: Heß)

Es war sinnvoll, dass ich als Pressepastor nicht unter meinem Klarnamen reimte. Denn viele Betroffene forschten nach dem Autor, zumal Zeitungen wie das *Hamburger Abendblatt* einzelne Gedichte nachdruckten und meine Kritik kräftig verschärften. Als einem neuen Propst ein allzu üppiges Pastorat gebaut werden sollte, goss *Pastorix* beißenden Spott darüber und fragte abschließend:

> Kommt die Kirche so ans Ziel?
> Kommt sie so zum Leben?
> Soll dies teure Domizil
> Eintrittszahlen heben?

In der Propstei war man aufgeregt, verdächtigte diesen und jenen und forderte in den *Nordelbischen Stimmen* eine Gegendarstellung. Als der Verleger dem Kirchenkreis weismachte, dass man solche Gegendarstellung auch in die Form eines Gedichtes gießen müsse, setzten sich die armen Kirchenvertreter tatsächlich hin und verfertigten in schweißtreibenden Mühen einige Knittelverse, die unter „Gegendarstellung gemäß § 111 des Hamburgischen Pressegesetzes" erschienen. So erhielt diese Form der Auseinandersetzung auch ihren augenzwinkernden Charme.

Humorloser reagierte ein Pastorenkollege, der sich auf Kosten von Kirche und Gemeindearbeit zum Mediziner hatte ausbilden lassen und von *Pastorix* („Der Witwe Scherflein fließt mitnichten, um teure Praxen einzurichten") für regresspflichtig erklärt wurde. Der zum Arztberuf konvertierte Kollege bemühte erfolglos einen Rechtsanwalt, um rauszukriegen, welch böser Dunkelmann hinter den kritischen Versen stand. Diese Suche wurde geradezu ein verbreiteter Sport – selbst ein Bischof wurde verdächtigt –, auch wenn sie am Kern der Sache vorbeiging, dass hier nämlich jemand sein Leiden an der Kirche öffentlich machen wollte, um Missstände abstellen zu lassen:

> Kritisiert sie ohne Tricks!
> Alle sind der Kirche Wächter,
> jeder wird zum Pastorix:
> Was gäb das für ein Gelächter!

Allein, der Krug geht so lange zum Wasser, bis er bricht: Irgendwann bekam das politisch und theologisch eher rechts gestrickte Ehepaar Motschmann aus Itzehoe Wind von der Identität des *Pastorix* und plante angeblich seine öffentliche Enttarnung.

Da ging ich selbst in die Offensive und verabschiedete mich mit einem letzten Gedicht. Unter dem Motto „Ihr Lieben, ich empfehle mich!" beschäftigte ich mich noch einmal mit dem Wesen des Humors:

> Humor ist eine Gottesgabe,
> an der es mancherorts gebricht.
> Man freue sich, wenn man sie habe,
> denn jeder hat sie leider nicht.

> Die sich in Eitelkeiten baden,
> die lachen nur aus vollem Bauch,
> wenn Witze ihren Gegnern schaden
> und ihren kranken Nachbarn auch.

> Auch gibt es Christen und Pastoren,
> die nur auf ihrem Standbein stehn.
> Die wahre Freude geht verloren,
> weil sie ihr Spielbein übersehn …

Als mein bürgerlicher Name endlich heraus war, würdigten
Die *Lutherischen Monatshefte, Das Deutsche Allgemeine
Sonntagsblatt* und viele Zeitungen noch einmal das Wirken
des *Pastorix*. Mutig und originell reagierte der juristische
Oberkirchenrat Detlef Rötting, der in den *Nordelbischen
Stimmen* reimte:

Pastorix hat ausgereimt,
denn jetzt hat man ihn geleimt.
Dingfest ist er, überführt,
ganz so, wie es ihm gebührt.

Er ist in den Motsch gefallen,
und im Motsch, da lauern Fallen.
Tritt man in die Springerpresse,
fällt man sehr leicht auf die Fresse.

Etwas kälter wird es werden,
etwas klammer hier auf Erden,
es gibt weniger zu lachen,
und wo's anfängt, Spaß zu machen,

wird man besser innehalten
und stur seines Amtes walten,
denn sonst wird nicht lang geheuchelt,
sondern kurzerhand gemeuchelt.

Sei's drum. Er ist hingeschieden,
Klappe zu – die Kirch hat Frieden.
Kein Platz bleibt uns mehr für lose
Verse. Nur noch eine Rose

leg ich ihm per Kleinanzeige –
denn für mehr bin ich zu feige –
für ein Jahr lang auf sein Grab
und dann Schluss. Der Bart ist ab.

Tatsächlich finanzierte der humorvolle Oberkirchenrat Rötting, der leider viel zu früh starb, monatlich eine Anzeige
mit einer gezeichneten Blüte und den Worten: „Eine Rose
für Pastorix".

Nordelbische Stimmen 2/86

Ich aber würde hoffentlich noch andere Mittel und Wege
finden, Fehler der Kirche kritisch aufzuspießen. Dabei ging
es mir in erster Linie um die Glaubwürdigkeit der verfass-
ten Kirche. Allerdings wusste ich auch, dass sie niemals ein
Club der Vollkommenen sein würde, sondern immer eine
Gemeinschaft derer, die von Vergebung leben.

Aus dem Watt zum Altar

Regen, Regen, Regen: von Hamburg bis Cuxhaven-Sahlenburg. Hier sollte ich es sechs Wochen auf einem Campingplatz aushalten, als Urlauberseelsorger zwischen Zelten und Wohnwagen. Verzweifelt betete ich: „Gott, lass wenigstens die Sonne durchbrechen!" Dass Cuxhaven auch schön sein kann, weiß ich von klein auf. Hier machten wir unsere Familienurlaube, fünfzehn Jahre lang. Und in Cuxhaven-Döse, wenige Kilometer von Sahlenburg entfernt, lernte ich als älterer Student, wie man Öffentlichkeitsarbeit macht, aus dem Stand und mit großem Erfolg.

Damals gehörte ich zu einer munteren Urlauber-Clique, die Tage und Abende am Strand genoss. Wir spielten Ball, organisierten Strandkorbpartys oder hörten der Kurkapelle zu, die draußen im Musikpavillon vor Hunderten von Kurgästen spielte, besser: spielen sollte. Denn mit der Zeit gewöhnten es sich die Musiker an, stattdessen ins angrenzende Strandcafé zu ziehen und die dortigen Gäste bei Kaffee und Kuchen zu unterhalten. Das erregte den Zorn vieler Urlauber, die die Konzerte mit ihrer Kurtaxe bezahlt hatten. Als wieder einmal Hunderte vergeblich auf ein Freiluftkonzert warteten, beschlossen wir, zur Tat zu schreiten. „Der Funke traf das Pulverfass und es ging in die Luft", schrieben die *Cuxhavener Nachrichten* später und fuhren fort: „Seit einigen Wochen schon hing so etwas wie Aufruhrstimmung in der Salzluft über dem Döser Strand … Gestern nun war es endlich soweit, es kam zum Aufstand."

Spontan beschlossen wir, den Unmut der Kurgäste zu kanalisieren. Ich startete eine Unterschriftensammlung, in der binnen einer Stunde 500 Kurgäste ihren Ärger quittierten.

Gleichzeitig sammelten wir 30 Urlauber im Dienstzimmer des Bademeisters. Sie riefen den Kurdirektor an, gaben den Hörer von Kurgast zu Kurgast weiter und machten ihrer Empörung in unterschiedlichen Mundarten Luft. Mit wieder anderen beschlossen wir, ins Strandcafé zu ziehen, um die mit unserer Kurtaxe bezahlte Musik wenigstens dort zu hören. Demonstrativ ließen wir uns auf dem Fußboden direkt vor der Kapelle nieder und warteten auf ihre Urlaubsmelodien. Doch der Dirigent schmollte: „Es tut mir leid, vor einem solchen Auditorium spielen zu müssen", rief er aus und brach das Konzert ab. Inzwischen erreichte ein reitender Bote des Kurdirektors den Ort der Auseinandersetzung und verkündete die Verfügung, dass das Orchester nie wieder im Strandhaus auftreten dürfe. Daraufhin rief ich die beiden – damals gab es noch zwei – Cuxhavener Zeitungen an und bat sie zu Interviews. Sie kamen umgehend und brachten am nächsten Tag große bebilderte Berichte mit den Titeln „Aufstand der Kurgäste, weil Musik fehlte" und „Vor diesem Auditorium spielen wir nicht mehr weiter". Die Kurgäste waren begeistert, und wir feierten unseren Erfolg. Um aber nicht nur als Opposition dazustehen, gründeten wir eine Kurgast-Initiative, die eine musikalische und eine zirzensische Show einstudierte und vor vielen Tausend Kurgästen aufführte. So erlebte ich eine aufregende, aber auch anstrengende Zeit. Erholsamer Urlaub sah anders aus. Immerhin zeigte sich schon damals mein Faible für Öffentlichkeitsarbeit, die dann Jahre später auch mein Beruf werden sollte, einschließlich Urlauberseelsorge.

1970: Die Kurgastinitiative lädt zum Strandzirkus ein.

Tatsächlich hörte der Regen in Cuxhaven-Sahlenburg auf. Die Sonne kam durch und verwandelte unser Camping-Exil für viele Wochen in einen glühenden Backofen. So begann ich meine Arbeit als Urlauberpastor bei brüllender Hitze. Auf der angrenzenden Wiese hatten wir ein großes Zelt für Kinder- und Jugendarbeit, Gespräche und Gottesdienste aufgebaut. Jeden Morgen versammelten sich darin 120 Kinder, um mit uns zu singen und zu beten, Filme zu sehen und gemeinsam zu spielen. Nach diesem schweißtreibenden Programm zogen wir gemeinsam ins nahe gelegene Waldbad. Während sich die Kinder unter Aufsicht im Wasser tummelten, unterhielt ich mich mit der Kassiererin, einer Studentin. Im Lauf der Wochen knüpften wir sogar zarte Bande, aber das ist wieder eine andere Geschichte.

1976: Strandgottesdienst an einem heißen Sonntag.

Die Julisonne heizte unser Zelt so gnadenlos auf, dass wir uns Sorgen um unseren nächsten Sonntagsgottesdienst machten, zu dem sich auch noch ein Team des *Hamburger Abendblattes* angesagt hatte. Doch Urlaubsgottesdienste darf man äußerlich ruhig etwas lockerer gestalten. Und so berichtete die Zeitung am nächsten Tag unter der Überschrift:

Aus dem Watt vor den Altar

Vor dem Altar – schlichter Tisch, weiße Decke und eine Vase mit Grün darauf – predigte Pastor Westphal: „Der Urlaub bietet auch die Chance, unseren Alltag einmal kritisch auf seine innere Substanz hin abzuklopfen." Statt Talar trug der Geistliche Ähnliches wie seine Gemeinde: kurze Hose und Polohemd. Jeder Besucher erhielt zu Beginn ein Erfrischungsgetränk. Die Kirche kommt den Ferienmenschen nicht hierarchisch und auch nicht als Institution. Ihre Mitarbeiter stehen morgens genauso wie die anderen Camper vor dem Waschraum Schlange, und es scheint, als fände „das Bodenpersonal Gottes" mit dieser lockeren und offenen Art schneller Kontakt als im Großstadt-Alltag.

Wahrscheinlich hat der Abendblatt-Reporter recht. Wichtiger für die Zugänglichkeit der Menschen scheint mir aber die Urlaubssituation an sich zu sein. Wer diese Auszeit bewusst erlebt, sich von den alltäglichen Erfahrungen und Sachzwängen lösen kann, öffnet sich für andere, tiefere Eindrücke. Wer unter dem hohen Sternenhimmel steht und den zeitlosen Rhythmus des Meeres und die Weite des Horizonts spürt, kann etwas von der Ewigkeit ahnen. Wenn wir diese Eindrücke an uns heran lassen, gelingt es uns eher, Wichtiges und Unwichtiges, Letztes und Vorletztes voneinander zu unterscheiden. Dann stellen wir manche Fragen nach dem Schöpfer und dem Lebenssinn neu und denken grundsätzlicher über Partnerschaft und Arbeit nach. Darum kamen in Sahlenburg immer wieder Jugendliche oder Erwachsene zu uns und baten um ein Gespräch. Auf Spaziergängen durch den Wald und am Meer entlang hörten wir zu und sprachen viel über Sehnsucht und Liebe, Beziehungen und letzte Fragen. Das waren sinnvolle, erfüllte Stunden, die immer auch etwas mit Spiritualität zu tun hatten.

Auch wenn die Ferienzeit nicht ausdrücklich zum Kirchenjahr gehört, so tun die Kirchen gut daran, sie mit Reisesegen und Urlaubsgottesdiensten, mit Freizeiten und Gesprächsangeboten aufmerksam zu begleiten. Darum habe auch ich mich bis heute bemüht, diese verheißungsvolle Zeit mit Urlaubstagebüchern oder nachdenklicher Lektüre zu begleiten, bisweilen auch mit einem selbstgestrickten Gedicht:

> sonne gleißend über steine
> sanft vom meer ein blauer hauch
> losgelassen warm die beine
> felsig erdig schmiegt der bauch
> gar nichts nie nichts je versäumtes
> stunden uhren ungedacht
> blinzelnd träumt sich ungeträumtes
> und die welt entzieht sich sacht

Gott kommt per Brief

Gott kommt per Brief ins Haus", verkündete eine BILD-Schlagzeile am 26. September 1973 das „Thema des Tages", während die ZEIT ihren Artikel etwas dezenter mit „Für uns Randsiedler" überschrieb. Beide meinten einen „Briefkurs für fragende Menschen", der Theologie in kleiner Münze weitergab und in monatlichen Portionen verschickte, um den Lesern ohne äußere Verbindlichkeiten das Gefühl einer persönlichen Anrede zu geben.

Herausgeber war unsere *Projektgruppe Glaubensinformation e.V.*, ein Team von Theologen, Journalisten und Lehrerinnen um den Hamburger Theologieprofessor Helmut Thielicke. Nachdem dieser Freundeskreis Monat für Monat im Hause Thielicke Predigten vorbereitet hatte, wollte er irgendwann auch über den Kreis der eigenen Gemeinden hinaus wirksam werden. Eine zehnteilige Vortrags- und Diskussionsserie im Hamburger Michel mit jeweils 2000 Teilnehmenden sowie ein Gesprächskreis in einem Männergefängnis folgten und ernteten Anfragen aus dem ganzen Bundesgebiet mit dem Tenor: „Macht doch so etwas auch mal bei uns!" Weil unser ehrenamtlicher Kreis aber nicht in der ganzen Republik herumreisen konnte, hatten wir uns darauf besonnen, dass schon Paulus einiges mit Briefen in Gang gesetzt hatte.

1973: Die »Projektgruppe Glaubensinformation« mit Prof. Thielicke (5.v.r.) und dem Autor (2.v.r.).

(Foto: Albrecht Westphal)

Unsere 16 Briefe stellten eine Art Fernkurs in Glaubensfragen dar, indem sie Themen behandelten wie:

– Die geheime Frage nach Gott
– Der Mensch leidet, hat Gott versagt?
– Schöpfungsglaube und Naturwissenschaft
– Sünde, Schuld, Entfremdung – die Lüge von der heilen Welt
– Gott am Galgen – das Geheimnis des Kreuzes
– Ist die Bibel wirklich „Wort Gottes"?
  oder:
– Glauben – wie macht man das?

Mit unserem Versuch, Theologie in kleiner Münze weiterzugeben, trafen wir offenbar auf eine weit verbreitete Sehnsucht, denn die Briefe schlugen bundesweit heftig ein. Zeitungen und Fernsehen berichteten, sodass die Auflage in anderthalb Jahren schon eine Viertelmillion erreichte. Überall bildeten sich Gruppen, die die Briefe miteinander diskutierten. Vielerorts wurden sie in Vortragsreihen und Wochenendfreizeiten behandelt. Sie wurden ins Englische, Japanische, Portugiesische und Niederländische („Geloven, wat stelt dat eigenlijk vor?") übersetzt, erschienen als Taschenbuch in neun Auflagen und wurden in einem Bundesland sogar als Schulbuch anerkannt.

„Wer glaubt, denkt weiter" war der Titel dieser Laiendogmatik. Eine Behauptung, die mindestens in dreierlei Hinsicht zutrifft. Denn wer glaubt,

– denkt tiefer als oberflächliche Materialisten und verbohrte Fundamentalisten,
– denkt weiter als nur an die eigenen Interessen,
– denkt über sein eigenes Lebensende hinaus.

Natürlich sollte dieser Titel angesichts des Vorurteils, dass der Glaube das Denken ausschalte, auch herausfordernd wirken. Dass die Provokation gelang, zeigte neben vielen Bestellungen eine Fülle neugieriger, fragender, dankbarer, aber auch aggressiver Leserbriefe, die von 70 Briefseelsorgern aus den – alten – Bundesländern beantwortet wurden. Die mit Abstand meisten Leserfragen betrafen auch damals die Institution Kirche und ihre finanzielle sowie personelle Glaubwürdigkeit. Darum sahen wir uns zu einem Extra-Brief mit dem Titel *Glaube ja – Kirche nein?* veranlasst, in dem wir den Lesern Mut zu eigenen innerkirchlichen Initiativen und Gesprächskreisen machten:

Vielleicht denken Sie: Aber mein Pastor, der will bestimmt nicht. – Warten Sie nicht auf den Pastor. Der hat genug anderes am Hals. Schön, wenn er mitmacht. Vielleicht ist er aber auch nicht so erbaut, weil er solche Zusammenarbeit noch nicht erlebt hat. Dann muss es ohne ihn gehen, hoffentlich nicht gegen ihn! Denn nicht der Pastor ist für die Arbeit notwendig, sondern Jesus Christus. Und der hat gesagt: „Wo zwei oder drei versammelt sind in meinem Namen, da bin ich mitten unter ihnen."

Das Echo auf diesen Brief war besonders lebhaft. So schrieb ein Leser: „Sie treffen mit der Schilderung desjenigen, der heute versucht, in der Kirche und in der Gemeinde mitzuarbeiten, den Nagel auf den Kopf. Ich begrüße es, dass Sie trotz dieser Schwierigkeiten Mut machen, weiter auch im örtlichen kirchlichen Leben mitzuarbeiten und nicht nachzulassen ..." Ein anderer meinte: „Ich habe mir als Kirchenvorsteher schon oft den Austritt aus der Kirche überlegt. Initiativen wie Ihre halten einen zurück und machen Mut weiterzuarbeiten."

Nun gehören die Mitglieder der Projektgruppe ja selbst zu Gottes Bodenpersonal. Darum kommentierten sie die Fehler der Institution Kirche kritisch bis selbstkritisch, begleiteten die „Gemeinschaft der Heiligen" aber auch solidarisch. So gaben wir vor einigen Jahren eine Broschüre heraus, in der wir *12 gute Gründe, in der Kirche zu sein* versammelten. Dort kann man Argumente lesen wie:

– *Im christlichen Glauben bewahrt die Kirche eine Wahrheit, die Menschen sich nicht selber sagen können. Daraus ergeben sich Maßstäbe für verantwortungsbewusstes, gelingendes Leben. (1)*

- *Die Kirche ist ein Ort der Ruhe und Besinnung. Unsere Gesellschaft ist gut beraten, wenn sie solche Orte pflegt. (5)*
- *In der Kirche treten Menschen mit Gebeten und Gottesdiensten für andere ein. Sie tun das auch stellvertretend für die Gesellschaft. (6)*
- *Wo immer Menschen hinkommen oder hinziehen, treffen sie auf die weltweite christliche Gemeinschaft. Dazu kann jede und jeder beitragen. (12)*

Ein Team junger Theologen um Prof. Helmut Thielicke ...

So sah der Karikaturist J.-A. Heß die Gruppe. Prof. Thielicke (Mitte) und seine Frau (3.v.l.), der Autor unten (2.v.r.).

Als Sprecher der *Projektgruppe Glaubensinformation* habe ich sie früher immer als „Team junger Theologen" um Professor Helmut Thielicke bezeichnet. Heute, nach fünf weiteren gefragten Publikationen wie „Wer glaubt, lernt leben", „Beten lernen" oder „Schlag nach bei Mose" kann ich über unsere Jugendlichkeit nur noch milde lächeln. Helmut Thielicke und seine Frau, für die „diese Gemeinschaft zum Reichtum unserer späten Jahre" gehörte, wurden von unserer Gruppe 1986 und 2010 zu Grabe getragen. Wir selber sind meist auch pensioniert und in Ehren ergraut. Aber dass solch freiwillige spirituelle Gemeinschaft in wohnlicher Atmosphäre Freude macht, Kreativität gibt – denn nur wo ich gern bin, bin ich gut – und eine große Ansteckungskraft entwickeln kann, ist eine Erfahrung, die heute ganz besonders wichtig ist.

Die Yogis fliegen nicht

Alles, was ich anfasse, wird zu Gold!", rief mein Kollege aus. Was wie Begeisterung über eigene Geschäftstüchtigkeit klang, war tatsächlich spontanes Entsetzen: Er hatte ein goldenes Werbeheft des indischen Gurus Maharishi Mahesh Yogi durchgeblättert und dabei goldfarbene Hände gekriegt. Verärgert warf er das Heft hin. Nicht nur wegen dessen mieser Druckqualität, sondern wegen der unhaltbaren, pseudowissenschaftlichen Heilsversprechen der Broschüre. Da wurden den Anhängern der *Transzendentalen Meditation* (TM) vollmundige Zusagen gemacht: „Erleuchtung für die ganze Gesellschaft und eine konflikt- und kriegsfreie, gesunde und friedliche Weltgesellschaft". Bunte Fotos von üppigen Prachtbauten der kommenden Weltregierung und fliegenden Jüngern im Lotussitz vervollständigten den Eindruck einer ebenso aufwendigen wie unseriösen Werbekampagne. Nun gehörte es nicht zu meinen vordringlichen Aufgaben und Neigungen, die Publikationen verschiedener Sekten zu rezensieren, aber diesmal waren mein Kollege und ich als Öffentlichkeitspastoren gefordert. Denn der indische Guru und seine gigantische Organisation, die sich bewusst westlicher Werbemethoden bedienten, hatten „alle Kanonen auf Deutschland gerichtet" und Hamburg zu ihrem wichtigsten Ziel ernannt. In den Medien erklärten sie: Wenn ein Prozent der Hanseaten – rund 16.500 Menschen – transzendental meditierten, würde der „Maharishi-Effekt" eintreten und eine Gesellschaft ohne Krankheiten, Leiden und Arbeitslosigkeit, ohne Inflation, Unfälle oder Probleme entstehen. Darum hatten die TM-Jünger ihre Aktion zur Verwirklichung der idealen Gesellschaft vor dem Hamburger Rathaus ausgerufen und flächendeckend publiziert.

Nun werde ich mich hüten, die positive Wirkung von Meditation und anderen Entspannungstechniken zu bezweifeln, zumal auch das Christentum auf eine lange Erfahrungsgeschichte spiritueller Meditation verweisen kann. Hier aber verschleierte eine große Organisation ihren religiösen Hintergrund und versuchte stattdessen, mit pseudowissenschaftlichen Erklärungen und objektiv wirkenden Fotos von fliegenden Anhängern hochdotierte Kurse zu verkaufen. Zwar kann ich mir vorstellen, dass Meditierende das Gefühl haben, für einige Sekunden zu fliegen. Hier wurde jedoch „das Abheben des Körpers vom Boden ohne fremde Hilfe" als Resultat einer „optimalen Gehirnfunktion" durch *Transzendentale Meditation* scheinbar wissenschaftlich erklärt und mit Fotos lächelnder Menschen belegt, die mit gefalteten Händen über dem Boden schweben. Mit den Methoden westlicher Werbung wurden „Sidhi-Kurse" zur Erlangung übernatürlicher Fähigkeiten wie „Fliegen", „Hellsehen" oder „durch die Wände gehen" angeboten, die ordentlich ins Portemonnaie gingen. Dabei wiesen Ärzte und Psychologen darauf hin, dass solche nicht fachmännisch begleiteten Kurse gerade bei Jugendlichen zu psychischen Störungen führen könnten.

Spätestens hier sahen wir Pressepfarrer unsere Aufgabe, der Werbekampagne von TM entgegenzutreten und auf die Hintergründe und Gefahren hinzuweisen. Wir planten eine Pressekonferenz, aber in einer Medienmetropole wie Hamburg gibt es täglich einige davon und es ist nicht leicht, die schreibende Zunft von der Bedeutung und dem Unterhaltungswert eines solchen Themas zu überzeugen. Um das journalistische Interesse zu wecken, boten wir der Organi-

Trick oder nicht? Ein TM-Anhänger beim „Fliegen"
Foto: MERU

(Hamburger Abendblatt 14./15. Oktober 1978)

sation des indisch-westlichen Gurus eine öffentliche Wette an. Wenn wir einen meditierenden Menschen sähen, der ohne Tricks und fremde Hilfe zehn Sekunden lang über dem Boden schwebte, würden wir für Hungernde in der Heimat des Gurus 1000 Mark aus eigener Tasche zahlen.

Diese eher spielerische Aufbereitung einer Sektenaufklärung weckte überall große Neugier und führte zu einer ungewöhnlich stark besuchten Pressekonferenz. In ihrem Verlauf wurde vor allem die fachliche Bewertung der TM-Techniken durch Jugendschützer, Psychiater und Theologen thematisiert. Unsere Rechnung ging auf: Zwar dienten in der folgenden Berichterstattung Schlagzeilen wie „Pastoren setzen 1000 Mark gegen *Transzendentale Meditation*" oder „Wer schwebt im Schneidersitz über den Boden?" als Aufhänger, auch wurde unser Vorwurf „sträflicher Scharlatanerie und betrügerischer Versprechungen" ohne juristische Konsequenzen zitiert. Gleichzeitig aber kam es zu einer ausführlichen inhaltlichen Darstellung und Bewertung der Sekten-Ziele, etwa in dem ganzseitigen ZEIT-Artikel *Das Fürchten und das Fliegen lernen* (10.11. 1978). Dort widmete sich Gerhard Seehase ausführlich den Inhalten der Organisation und der Kritik daran, indem er schrieb:

Andererseits kann man die Gefahren nicht übersehen, die von einer pseudo-religiösen und pseudo-wissenschaftlichen Organisation ausgehen, deren Botschaft heißt: „Es gibt keinen Platz und es wird nie einen geben für den Schwachen. Der Starke wird führen, und wenn der Schwache nicht folgen will, gibt es keinen Platz für ihn. – Die Nichtexistenz der Schwachen ist immer das Gesetz der Natur gewesen."
(Maharishi Mahesh Yogi).

Solche Zitate stehen natürlich im diametralen Gegensatz zur Zusage Christi, die Paulus zitiert: „Lass dir an meiner Gnade genügen; denn meine Kraft ist in den Schwachen mächtig." (2. Korinther 12,9)

Wie ging es weiter? Viele Zeitungsleser fanden Gefallen an unserer Wette und erhöhten sie um das Zehnfache. Die Sidhis nahmen unsere Herausforderung aber nicht an. Stattdessen erklärte ein Sprecher ihrer Organisation dem *Hamburger Abendblatt*, sein Körper würde jeden Morgen einige Sekunden in der Luft schweben. Er selbst habe in einem Lehrgang schon Menschen gesehen, die 10 bis 15 Sekunden in der Luft gewesen seien. Auf die Frage, warum er dann nicht auf unsere Wette eingehe, antwortete er: „So etwas geht nur an einem guten Tag und den hat man nicht immer." Unser Angebot, der Beweis müsse nicht von heute auf morgen erbracht werden, wir könnten gern jeden Tag vorbeischauen, bis es klappe, wurde natürlich nicht angenommen und führte zu Schlagzeilen wie: „Noch kneifen die Jünger Yogis". So wurde die TM-Werbekampagne in der Hansestadt kein Erfolg und der Maharishi selber war angeblich „not amused". Im Übrigen starb er am 5. Februar 2008 und prophezeite in seiner Abschiedsbotschaft eine „strahlende Zukunft". Seine weltweit agierende Organisation aber besteht und kassiert fort.

Fasten auf evangelisch

Wir saßen an unserem Hamburger Journalisten-Stammtisch beieinander und ordneten die Welt. Als die Flaschen leer und die Aschenbecher voll waren, sagte einer von uns plötzlich: „Ab Aschermittwoch trinke ich keinen Alkohol mehr." Seine Mitteilung stieß auf großes Erstaunen, denn er nahm sonst gern mal einen – oder mehr. Und Aschermittwoch? „Du bist doch nicht katholisch?", entfuhr es einem. Aber er schüttelte lächelnd den Kopf: „Auch einem Evangelischen kann es nicht schaden, die Passionszeit etwas bewusster zu erleben. Und meiner Leber tut das auch ganz gut." Eine Diskussion entbrannte und schloss mit einer Abmachung: Mehrere Journalisten wollten versuchen, sieben Wochen auf Alkohol zu verzichten. Einer wollte bis Ostern nicht rauchen, eine andere Chips und Cola meiden, ein weiterer das Fernsehen stark reduzieren. So suchte sich jeder seine eigene schädliche Gewohnheit oder gar Abhängigkeit aus, um sieben Wochen von ihr zu lassen. Als dann eine Kirchenzeitung von dieser Fasteninitiative berichtete, schlossen sich etwa 300 Teilnehmende an, die mit sieben Durchhaltebriefen – in späteren Jahren auch mit einem Kalender – begleitet wurden.

Das war der legendäre Start der Fastenaktion „7 Wochen ohne" im Jahr 1983. Durch selbst interessierte Journalisten verbreitete sich die Initiative in ganz Deutschland und wuchs von Jahr zu Jahr. Nach elf Jahren war sie so groß geworden, dass wir sie an die Evangelische Kirche in Deutschland (EKD) abgeben mussten.

...sieben Wochen

ohne!

klar sehen - frei sein
Leben finden

Eine Passions-Aktion der Ev. Kirche

Kalender
für die Fasten- und Passionszeit

1987: Das »7 Wochen ohne«-Team im Amt für Öffentlichkeitsdienst. (Titel Fastenkalender: Soltow)

Einerseits funktionierte die Aktion wie eine Brigitte-Diät:
mit vielen somatischen Ratschlägen und Erfahrungen. Andererseits ging es um den freiwilligen Versuch, die eigene
Position zwischen Freiheit und Abhängigkeit zu finden und

48

dabei neue Erkenntnisse und Gewohnheiten zu gewinnen. Denn wenn unser Kopf weniger berauscht oder umnebelt ist, dann kann sich diese neue Klarheit auch auf unsere Lebensgestaltung positiv auswirken. Wir finden eher Lust und Kraft für gesunde und sinnvolle Aktivitäten, fühlen uns besser und gewinnen an Lebensqualität.

Dabei machten viele von uns die Erfahrung, dass es auch um den Sinn des Lebens und um Fragen des Glaubens geht. Nicht ohne Grund knüpfen solche Fastenübungen zwischen Aschermittwoch und Ostern an die alte christliche Tradition an, sich äußerlich und innerlich auf die österliche Begegnung mit Gott vorzubereiten. Anders gesagt: Wer bis zum Hals in Schlagsahne sitzt, wird die Leidensgeschichte Jesu kaum angemessen bedenken können. Wer sich aber vom schädlichen Überfluss freimachen kann, wird oft sensibler für das Kreuz und solidarischer mit den vielen Kreuzen dieser Welt. Es ist absurd, dass hierzulande viele am Überfluss erkranken, während anderswo Menschen am Hunger sterben.

Von den Mitfastenden erfuhren wir viel über ihre Motive und Erfolge, Rückfälle und Neuanfänge. Indem wir daraus in unseren Briefen zitierten, entstand eine virtuelle Gemeinschaft von Fastenden, die sich auf dem gemeinsamen Weg zum Osterfest gegenseitig bestärkten. Das ist wichtig, denn wer zu einer im Überfluss konsumierenden Gesellschaft „Nein" sagt, ist oft allein und manchen Lästerern ausgeliefert, die stets eine Lobby haben. Sie reden im Namen einer scheinbaren Freiheit: „Du schaffst es sowieso nicht. Die Summe der Laster bleibt ohnehin gleich. Ab Ostern holst du alles doppelt und dreifach nach." Oft argumentieren sie so verzweifelt aggressiv, weil sie ihren eigenen Lebensstil infrage gestellt sehen.

Fasten muss jeder allein. Und doch tut es gut zu wissen, dass man mit anderen auf dem Weg ist. Dass man die gleichen Motive und Prüfungen hat, dieselbe Sehnsucht und ähnliche Lebensthemen. Darum ist diese Mischung aus Selbsterfahrungsgruppe und Gemeinde sehr bestärkend.

Ich erinnere mich an einen Anruf aus dem Hamburger Krankenhaus Altona, am Telefon eine kleinlaute Frau: „Ich liege hier nach einem Reitunfall. Das Rückgrat. Ich darf mich nicht bewegen. Eigentlich verzichte ich ja auf Alkohol, aber heute habe ich starke Schmerzen, mein Freund hat seinen Besuch abgesagt und ich bin total frustriert. Habe mir gerade in der Kantine eine Flasche Sekt geordert. Finden Sie das schlimm?" Was sollte ich sagen? Ich verstand sie und konnte nur geduldig zuhören. Alles andere war ihre Entscheidung. Das Gespräch tat ihr aber offenbar so gut, dass sie sagte: „Bleiben Sie mal dran." Durch das Telefon hörte ich sie rufen: „Schwester, ich wollte mich schon lange bei Ihnen bedanken. Diese Flasche Sekt ist für Sie." Natürlich muss man die Dinge letztlich allein entscheiden. Aber Rose Ausländer hat recht, wenn sie sagt: „Vergesst nicht, Freunde, wir reisen gemeinsam."

Freiheit von alten Gewohnheiten – Freiheit für neue Entdeckungen. Wem es etwa gelingt, sich von der permanenten Fernsehberieselung zu lösen, der gewinnt kostbare Zeit, die er nun sinnvoller füllen kann mit Lesen oder Briefeschreiben, Spazierengehen oder Meditieren, gemeinsamen Unternehmungen mit Familie und Freunden. So klingen die Ziele der Fastenden heute immer differenzierter. Neben den klassischen Vorsätzen wie sieben Wochen *ohne* Alkohol, Süßigkeiten oder Fleisch, heißt es nun immer öfter: sieben Wochen *mit* mehr Gemeinschaft, Umweltbewusstsein oder Spiritualität. Als Konsequenz daraus ergänzte der Verein

Andere Zeiten die Aktion „7 Wochen ohne" vor Jahren um eine seelsorgerliche Briefaktion, die er „7 Wochen anders leben" nennt. Auch hier nehmen Jahr für Jahr viele Tausende teil.

Wenn Christen eine Aktion ins Leben rufen, geraten sie leicht in die Gefahr, eine religiöse Leistungsmentalität zu entwickeln und furchtbar moralisch zu werden. Das aber widerspräche dem Evangelium. Denn Fasten ist für den Menschen da und nicht der Mensch für das Fasten. So nahm ich mir von Beginn an vor: Sobald unsere Fasteninitiative todernst wird, steigst du als Erster aus. Darum setze ich mich bis heute erfolgreich dafür ein, solche Aktionen mit Humor zu begleiten, etwa mit Karikaturen und Selbstironie. Lachen gehört zur Theologie und zum christlichen Glauben, denn gerade zu Ostern geht es um das Lachen der Weltüberwindung.

In den Durchhaltebriefen von »7 Wochen anders leben« kann man auch über eigene Rückfälle schmunzeln. (Karikatur: Plassmann)

Fasten schenkt Zeit für einen Perspektivwechsel. Der Blick wird klarer, der Atem freier: Frühlingsglanz. Alte schädliche Gewohnheiten hören nicht einfach auf, aber sie können aufhören, eine dominierende Rolle zu spielen. Herrschaftswechsel zu Ostern: Alles wird anders, der Tod hat nicht mehr das letzte Wort. Die Freude auf Ostern ist mehr als der Jieper auf das erste Glas Sekt. Es ist die Hoffnung, dass das Geheimnis der Osternacht uns diesmal ganz besonders berührt, dass im Sack der Verheißungen auch für uns eine Erfüllung steckt: neues Leben. Darauf gehen Pilgernde wie Fastende zu. „Nicht müde werden", rät Hilde Domin, „sondern dem Wunder wie einem Vogel leise die Hand hinhalten."

Ein Bündnis gegen Scientology

Hamburg-Eppendorf ist ein attraktiver Stadtteil mit ansehnlichen Fassaden und hoher Lebensqualität. Das wissen Ärzte und Juristen, Journalistinnen und manchmal sogar ein Pfarrer zu schätzen. Wenn ich meinen Weidenkorb nehme und zum Einkaufen schlendere, verwickeln mich Hausbewohner in einen kleinen Schnack, winken mir Nachbarn zu oder kommen Hunde gelaufen, um gestreichelt zu werden. Eines Tages aber war die fast dörfliche Ruhe dahin, als ich mit einigem Entsetzen entdeckte, dass der Scientology-Konzern ein Informationszentrum in der Eppendorfer Landstraße eröffnet hatte, eine Filiale ihres großen Gebäudes in der Innenstadt. Wie die Scientologen in einem Brief an die „lieben Eppendorfer" versicherten, „freuen wir uns besonders, im Flair von Eppendorf Teil des Lebens eines schönen Hamburger Stadtteils zu sein …"

Doch bei uns derart umworbenen Eppendorfern wollte keine Freude über diesen Teil unseres Lebens aufkommen. Als wir miterleben mussten, wie die neuen Nachbarn „für ein besseres Leben in einer schwierigen Welt" Vorgarten und Hecke platt machten und Passanten mit Penetranz ankoberten, breiteten sich Ärger und Unruhe aus. Besorgte Bürger beschwerten sich bei den Behörden, zahlreiche Proteste alarmierten die politischen Parteien, ängstliche Eltern baten Zeitungsredaktionen um Aufklärung. Ich selbst kannte die Hintergründe der amerikanischen Organisation bereits von einem Seminar bei dem ebenso mutigen wie kompetenten Münchner Sektenpastor Friedrich-Wilhelm Haack und war sofort bereit, der Bitte einer großen Zeitung nachzukommen, ihre Leser aufzuklären. Dabei stellte mir die Redaktion frei, auf meinen Namen als Autor zu verzichten – so groß war die Angst vor den Bedrohungen der sogenannten Kirche auch unter Journalisten. Zu oft hatten sie schon massive Einschüchterungsversuche des scientologischen Konzerns erlebt, der seine Kritiker als „kriminell" abstempelte und mit Prozessen und Geheimdienst-Methoden verfolgte. Ich musste nicht lange nachdenken: Ein Öffentlichkeitspastor, der sich nicht traut, seinen Namen in der Öffentlichkeit zu nennen, kann seinen Hut nehmen. Also schrieb ich mehrere kritische Namensartikel.

Der Eppendorfer Plan der Sekten-Strategen ging nicht auf. Denn in dem traditionsreichen Hamburger Stadtteil bildete sich ein bundesweit einmaliges Aktionsbündnis zwischen SPD, CDU, GAL (Grün-Alternative Liste) und FDP, Elternräten, Mieterinitiativen, Kirchengemeinden aller Konfessionen und dem Bürgerverein. Gewerkschaften, Studentenausschuss und jüdische Gemeinde stießen zeitweilig dazu. Trotz Konkurrenz und Vorwahlkampf schloss man sich zusammen zu Straßenständen und großen Informationsveranstaltungen, Unterschriftenaktionen, Flugblättern und einer intensiven Pressearbeit. Alle arbeiteten um der Sache willen zusammen und zeigten keine Berührungsängste. Im Gegenteil: Die gemeinsamen Aktionen ließen menschliche Nähe und Freundschaften entstehen. Scientology reagierte auf das interkonfessionelle und interfraktionelle Bündnis nervös, die Sektenführer machten Fehler.

Allen war klar, dass es nicht nur um das kleine Eppendorfer Haus ging, sondern um den Standort Hamburg und das Tor zur östlichen Welt. Je mehr darum in der Hansestadt an dem Hochglanzimage des Sektengründers L. Ron Hubbard gekratzt wurde und der Nimbus der Unbesiegbarkeit fiel, desto deutlicher gefror das scientologische Lächeln. Die Maske fiel und die Macht- und Geldsekte zeigte ihr wahres Gesicht: So bauten sich Dutzende Scientologen neben unseren Informationsständen auf und sangen stundenlang das gequälte Lied „We shall overcome". Zugleich gab es lautstarke Drohungen, Handgreiflichkeiten und Nötigungen. Einige unserer Veranstaltungsplakate wurden mit Davidsternen überklebt, getreu der infamen Behauptung der Scientologen, sie seien die neuen Verfolgten unserer Gesellschaft. Tatsächlich aber wurden Mitglieder des Eppendorfer Bündnisses demonstrativ verfolgt, fotografiert oder mit Telefonanrufen belästigt.

1991: Scientologische Demonstration gegen die Eppendorfer Bürgerinitiative.   (Foto: Birnstein)

Einzelne Personen wurden in Flugblättern angegriffen und beleidigt. Scientologen erschienen als scheinbar ratsuchende Bürger bei ihren Kritikern und horchten sie wie Undercover-Agenten aus. Mag sein, dass solche aus Hubbards Science-Fiction-Fantasie entsprungenen Kriegsspielchen anderswo Eindruck machen, bei dem eng zusammenhaltenden Bündnis bewirkten sie das Gegenteil: Eine Bürgerinitiative wurde gegründet, Pfarrer und Politiker beantragten einstweilige Verfügungen und erstatteten Strafanzeigen. Die Scientology-Organisation kam nicht mehr aus den negativen Schlagzeilen heraus. Die gemeinsame Entschlossenheit hatte Erfolg, die Sekte zog sich aus der Eppendorfer Landstraße zurück. Heute ist das Grundstück wieder begrünt. Eine hohe Buchenhecke säumt das Areal, im Haus residiert ein freundlicher Friseur.

Aber der Konzern kämpfte auf andere Weise weiter. So erschien eine aufwendige „Dokumentation einer Hetzkampagne gegen die Scientology-Gemeinschaft" mit Fotos von Nazis und der Überschrift „Hass und Propaganda" auf der Titelseite. Weil diese auch in englischer Sprache vertriebene Broschüre nach eigenen Worten aufzeigen wollte, dass „zwischen der propagandistischen Symbolik und den Hetzschriften des Dritten Reiches schockierende Parallelen zur gegenwärtigen Hetzkampagne gegen die Scientology-Gemeinschaft in Deutschland bestehen", wurden judenfeindliche Bilder und Texte aus dem „Stürmer" neben Bilder und Texte von Scientology-Kritikern gestellt. Als auch ich mich in dieser Broschüre mit Namen und Foto als „Initiator der parteiübergreifenden Anti-Scientology-Kampagne in Hamburg" und als „Agitator hinter der Kulisse" neben einer üblen antijüdischen „Stürmer"-Karikatur wiederfand, war meine Toleranzgrenze überschritten. Überzeugt, dass sich ein verantwortungsvoller Seelsorger solche

Angriffe und Vergleiche nicht gefallen lassen muss, erstattete ich Anzeige.

Obwohl es beim anstehenden Strafprozess bestenfalls um eine Geldstrafe gehen konnte, wurde seine symbolische Bedeutung sehr ernst genommen. Der Verteidiger hatte mich als Zeugen laden lassen. Der Saal war gefüllt mit Scientologen und Journalisten. An meine Befragung erinnere ich mich sehr gut. Danach eröffnete sie der Verteidiger mit der Feststellung, ich sei „Herausgeber der Zeitschrift *Blickpunkt Kirche*." – „Nein", sagte ich. „Nein?", fragte er erstaunt: „Was sind Sie denn?" – „Chefredakteur, das ist ein Unterschied." Aber ich hätte sehr kritisch über Scientology geschrieben. „Das will ich hoffen." Und ich hätte Scientology faschistisch genannt. Ich zögerte: „Daran kann ich mich nicht erinnern … Aber meines Erachtens trifft diese Bewertung zu." Was ich damit meinte? Der vorsitzende Richter gab mir Zeit, weiter auszuholen, und so konnte ich einige „ethische" Empfehlungen Hubbards zitieren. Da ist vom Gegner die Rede, „der in der Dunkelheit dumpf aufs Straßenpflaster klatscht", oder davon, dass „das ganze feindliche Lager als Geburtstagsüberraschung in riesigen Flammen aufgeht". Kritiker bezeichnet er als „unterdrückerische Personen" und behauptet: „Wir fanden niemals Kritiker der Scientology, die keine kriminelle Vergangenheit hatten." Dass der Verteidiger mich selbst in einem Brief schon als kriminell bezeichnet hatte, erinnerte er angeblich nicht mehr. Aber ich hatte den Brief dabei und konnte ihn vorlegen. Da geriet er anscheinend in Erklärungsnöte. Der Prozess verlief erfolgreich. Die Angeklagten bekamen eine Geldstrafe und der Erfolgsnimbus der Geldsekte wurde einmal mehr gestört.

So anstrengend solche Auseinandersetzungen sind, so ermutigend waren unsere Erfahrungen: Offenbar kann sich unsere Gesellschaft auf die gemeinsamen Grundwerte besinnen, wenn sie angegriffen und ernsthaft infrage gestellt werden. Dabei müssen selbstbewusste Demokraten und Bürgerinitiativen nicht auf Psychoterror und Gewalt setzen, sondern auf Aufklärung und beharrliche Proteste; nicht auf Anonymität und Geheimstrategien, sondern auf ehrliches Engagement und öffentliche Diskussionen. Wichtig bleiben die Wachsamkeit der Medien, der Einsatz der Politiker, die Konsequenz der Verwaltungen und fundierte Entscheidungen der Gerichte. Bei alledem geht es nicht um Verfolgung Andersdenkender, die oft selbst nur Opfer sind, sondern um die entschlossene Abwehr aggressiver Systeme, die unsere Gesellschaft noch härter und kälter, egoistischer und liebloser machen.

Kirche im Blickpunkt

Neue Besen kehren hart. Den Eindruck konnte man haben, als ich 1975 das Hamburger PR-Blatt *Blickpunkt Kirche* übernahm. Im Schreiben geübt, vom Blattmachen wenig Ahnung, startete ich die erste von mir verantwortete Ausgabe mit dem Titel: „Wird das Krankenhaus zur Reparaturwerkstatt?" Meine Warnung vor Gesundheitsfabriken, in denen Patienten „zu reparaturbedürftigen Objekten werden, die eine Fließbandüberholung im Schnellverfahren durchlaufen", würde heute niemanden mehr aufregen. Damals aber noch: etwa den Krankenhausseelsorger, der in einem Leserbrief versicherte, er würde sich „unverschämt vorkommen, wenn ich ein Blatt mit solchen Sätzen hier im Krankenhaus auslegen würde ...".

Solch zensorische Hürden zu überwinden und dennoch kritisch zu sein war eine Gratwanderung für einen jungen Chefredakteur, aber wir dunkeln ja alle nach. Nach wenigen Monaten hatten die Redaktion und ich einen positiven, offensiven Ton gefunden, der auf wachsende Zustimmung traf und die Auflage in Spitzenzeiten auf einige Hunderttausend steigen ließ. Da konnte man es sich auch mal leisten, über demonstrierende Pastoren in Brokdorf, Astrologie oder Heldenverehrung kritisch zu schreiben und Diskussionen anzustoßen. Als der Theologe Helmut Thielicke in einem Interview über „Tierliebe aus Einsamkeit" den Wunsch äußerte, seinem verstorbenen Dackel „Fiete" noch einmal in der Ewigkeit zu begegnen – „Aber das ist vielleicht nur eine sentimentale Gedankenspielerei. Ein Dogma daraus zu machen wäre lächerlich!" –, wetterte der Leser K.

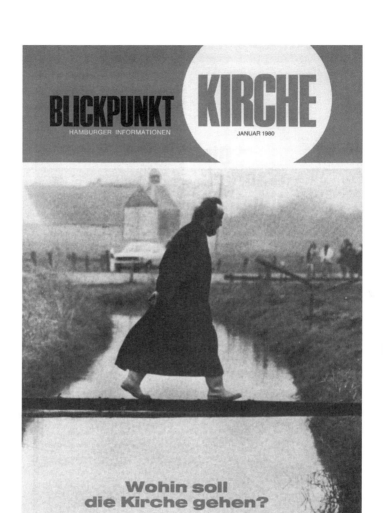

»Blickpunkt« Januar 1980: Pastoren demonstrierten in Brokdorf.

in einem Brief: „Wer hofft, seinem Hund in der Ewigkeit zu begegnen, lästert Gott!" Ihm wiederum antwortete die Leserin M. in der nächsten Ausgabe: „Wenn ich die Wahl habe, jemandem in der Ewigkeit zu begegnen, Herrn K. oder meinen Tieren, brauche ich nicht lange zu überlegen. Herrn K. möchte ich lieber nicht begegnen, auch wenn ich damit Gott lästere!"

So etwas machte das Magazin bunter und munterer, die Leser-Blatt-Bindung wuchs. *Blickpunkt Kirche* fand auch bundesweite Aufmerksamkeit, wenn öffentliche Personen wie Heinrich Albertz und Klaus von Dohnanyi, Helga Feddersen und Pierre Brice, Manfred Hausmann und Jörg Zink, Gräfin Marion Dönhoff oder Peter Maffay schrieben oder sich interviewen ließen. Dabei offenbarten solche Leute auch mal andere, persönlichere Seiten als die bekannten. So antwortete der bärbeißige, aber auch zartfühlende Politiker Herbert Wehner, der über eine besonders zerlesene Bibel verfügte, 1984 auf die Frage, was ihm in der Bibel wichtig sei, handschriftlich:

Sie werden finden, dass der Text mit der Überschrift „Mit jedermann in Frieden leben" (Römer 12,9–21), den ich meinen Zeilen beifüge, sehr viel aussagt. Und wenn ich diesem Text hinzufüge, was ich aus den Sprüchen Salomos zitiere, „ein Geduldiger ist besser als ein Starker, und der seines Mutes Herr ist, besser denn einer, der Städte gewinnt", werden Sie klar sehen, was mich bewegt.

Angela Merkel wiederum, damals noch Bundesministerin für Frauen und Jugend, schrieb 1993 über den Satz: „Nun aber bleiben Glaube, Hoffnung, Liebe, diese drei; aber die Liebe ist die größte unter ihnen" (1. Korinther 13,13), den sie sich selbst für ihre Konfirmation am 3. Mai 1970 in

Templin ausgesucht hatte. Die in Hamburg geborene Pfarrerstochter nahm damals mit neun Mitschülern nicht an der Jugendweihe teil, sondern feierte ihre Konfirmation im Ost-Berliner Hotel Bukarest mit Verwandten und Freunden aus der Bundesrepublik. Sie schreibt:

Der Tag meiner Konfirmation – ich bekam unerwartet und zu meiner großen Freude eines der ersten Transistorradios aus DDR-Produktion von meinen Eltern geschenkt, ein echter Wertgegenstand aus meiner Sicht – war ein festliches Ereignis im Kreise von Verwandten und Bekannten auf etwas fremdem Terrain. Ich wünsche Euch, den Konfirmanden des Jahres 1993, dass Ihr die Liebe zu Euren Mitmenschen – getreu meinem Konfirmationsspruch – nicht aus den Augen verliert, auch wenn Frust, Wut und eigene Probleme überhand zu nehmen scheinen.

Natürlich traf das monatliche PR-Blatt auf unterschiedliche Reaktionen. Dabei zeigte sich ein Dilemma solcher Verteil-Blätter: Sie adressieren ihre Botschaften an kirchliche Randsiedler und einfache Kirchenmitglieder, während studierte Pastoren entscheiden, ob das Produkt seine Zielgruppe überhaupt erreichen darf. Wenn es denen zu einfach, zu bunt oder zu eindeutig ist, geben sie es oft nicht weiter. Der Theologe und Publizist Siegfried von Kortzfleisch schrieb dazu:

Man bringe das Verteilblatt, das bestimmt ist, in jedes Haus zu gelangen, wirklich überall hin. Man messe es nicht an den eigenen Lesebedürfnissen. Gib auch den anderen Menschen eine Chance. Man messe es auch nicht an der je eigenen Lehre. Wer bist du schon, dass du sie zur Messlatte machst für das, was andere – genauso redlich wie du – zu sagen versuchen über ihr christliches Leben?

BLICKPUNKT **KIRCHE**

Oktobe

Erntedank auf der Schlei

Reportage Seite 4

»Blickpunkt« Oktober 1995: Fischer in Schleswig.

Trotz solch professioneller Appelle, die *Blickpunkt Kirche* lange hilfreich begleiteten, stellte der Herausgeber Kirche das Blatt nach 29 Jahren ein. Der Vertrieb war angeblich nicht mehr effektiv genug. Auch Kirchen machen Fehler. Ich glaube, dies war einer, der bei vielen Lesern Bedauern auslöste. Natürlich auch bei der Redaktion und bei mir, der es 22 Jahre lang mit Herzblut produziert hatte. – Drei Jahre später gründete ich das Magazin *Andere Zeiten*, das bis heute höchst erfolgreich ist. Aber das steht auf einem anderen Blatt.

Seelsorge an der Öffentlichkeit

Eines Tages stand die ältere Frau vor der Tür meines Büros. Weinend sagte sie: „Sie schreiben so oft von der Stille. Ich habe schon jahrelang keine mehr!" Sie sah blass und müde aus. Kaum hatte ich sie hereingebeten und ihr einen Sessel angeboten, brach es aus ihr heraus. Die Nachbarn über ihr terrorisierten sie seit Jahren mit Lärm. Laute Partys und wummernde Bässe hatten ihren Kreislauf und ihre Nerven so zerrüttet, dass sie fluchtartig das Haus verließ, sobald die Musikanlage wieder aufgedreht wurde. Dann setzte sie sich in eine Bibliothek oder fuhr mit der U-Bahn stundenlang durch die Stadt. Erst abends traute sie sich wieder heim, voller Angst, dass man sie auch in der Nacht beschallte. Sie hatte schon einmal versucht, sich das Leben zu nehmen, und war wirklich am Ende.

Was sollte, was konnte ich tun? Natürlich muss ein Pfarrer, der in Kolumnen und Kommentaren für viele Tausend Menschen schreibt, auch mit solchen Reaktionen rechnen. Wenn er sich allerdings um alle Leser persönlich kümmern wollte, wäre er schnell am Ende seiner Möglichkeiten. Dennoch hat er auf das Echo seiner Zeilen einzugehen, hat Briefe zu beantworten, Ratsuchende weiter zu vermitteln und manchmal selbst Ohr und Hand zu leihen, damit er nicht nur ein Schreibtischtäter bleibt.

Ich beschloss, Frau R. selbst zu begleiten, und erfuhr ihre ganze Geschichte. Sie hatte in einer Behörde gearbeitet, und als sie in Rente ging, mit Bedacht ihren Alterssitz gewählt. Die Genossenschaftswohnung war bezahlbar, günstig geschnitten und lag in der Nähe öffentlicher Verkehrsmittel und ihrer Ärzte. Alles war ideal, um einen ruhigen Lebensabend zu genießen. Dann aber zogen jene Nachbarn ein, die sich bald schon einen Spaß daraus machten, sie in die Flucht zu schlagen. Es kam eine Zeit erfolgloser Gespräche, Notarzt- und Polizeieinsätze, Zeugenprotokolle und Prozesse. Allen, denen Frau R. ihre Leidensgeschichte erzählte, reagierten mit dem schnellen, wohlfeilen Rat: Dann ziehen Sie doch aus! Aber das ließ weder ihr Geldbeutel noch ihr Gerechtigkeitsempfinden zu: „Ich bin das Opfer dieser Lärmattacken, und nun soll ich mich auch noch vertreiben lassen!", sagte sie empört und kämpfte weiter. Ich half ihr, so gut es ging, verhandelte mit Genossenschaft und Mieterverein, behandelte das Problem des Nachbarschaftslärms in Zeitungen und sagte vor Gericht als Zeuge aus, ohne Entscheidendes an ihrer Situation verändern zu können. Aber sie fühlte sich nicht allein. Ich half ihr durchzuhalten, und irgendwann zog die nervende Familie tatsächlich aus. Gott sei Dank! – Nach all den Jahren ist Frau R. traumatisiert, doch langsam geht es ihr etwas besser. Sie arbeitet ehrenamtlich im Mieterverein und berät nun selber Lärmgeschädigte. Ab und an schaut sie gern und dankbar vorbei.

Wenn Schreckliches wie das Bahnunglück in Eschede oder der Terroranschlag in New York geschieht, wenn Erschütterung und Kriegsangst dazu führen, dass die Menschen in die Kirchen strömen und Kerzen anzünden, dann suchen sie eine Adresse für ihre Hilflosigkeit. Wenn wir Pfarrer bei solchen Anlässen gebeten werden, etwas Tröstliches in den Zeitungen zu schreiben, dann wissen auch wir auf die ewige Frage, warum Gott so etwas zulässt, keine befriedigende Antwort. Aber wir können auf den verweisen, der am Kreuz selbst mit dem 22. Psalm gebetet hat: „Mein Gott, warum hast du mich verlassen?" So treiben wir auch eine Art Seelsorge an der Öffentlichkeit, ganz zu schweigen vom unermüdlichen Einsatz der Notfallseelsorger. Hier wird ein Dienst der Kirche öffentlich sichtbar, der sonst meist und zu Recht eher im Stillen geschieht.

In den Kirchen suchen Menschen eine Adresse für ihre Hilflosigkeit.

Der Brief an den Kanzler

Nein, ich bin kein Ost-Berliner geworden, obwohl mein Vater Pastor am Berliner Dom war und meine drei Geschwister in Niederschönhausen geboren wurden. Ich wuchs auch nicht in der Mark Brandenburg auf, obwohl ich meinen ersten Schrei in Perleberg tat, bevor wir weiter nach Niedersachsen flohen. So wurde ich ein norddeutscher Wessi, selbst wenig betroffen von den Bedrückungen und Verfolgungen, denen die Kirchenleute in der DDR ausgesetzt waren.

Gleichwohl empfinde ich Wiedervereinigung und Mauerfall als ein Wunder, von Gott geschenkt und von mutigen Menschen friedlich erkämpft. Fast beneide ich die Berliner, die näher dran und direkt betroffen waren, als die Berliner Mauer in der Nacht vom 9. auf den 10. November 1989 fiel. Es berührt mich noch heute, wenn Marianne Subklew, eine befreundete Theologin, im Kalender *Der Andere Advent* beschreibt, wie sie den Morgen danach in ihrer Ostberliner Ausbildungsstätte erlebte. Damals hatte sie sich mit ihren Kommilitonen zur Morgenandacht getroffen, ganz bewusst wie jeden Tag. Doch in der Nacht hatten sie so viel Umstürzendes erlebt, dass sie sich wie die Träumenden fühlten und Unglaubliches zu berichten hatten. So erzählte Georg, dessen Freundin Christiane im Westen lebte und der sich ständig gefragt hatte, ob er gehen oder bleiben sollte:

Ich bin heute Nacht ... mit meinem Fahrrad über den Ku-Damm gefahren. Ich habe die Kaiser-Wilhelm-Gedächtnis-Kirche gesehen und mich nach Neukölln durchgefragt.

*Und ich habe an Christianes Wohnungstür geklingelt. Sie
hatte schon geschlafen, weil sie einen anstrengenden Tag
hinter sich hatte. Als sie die Tür öffnete, sah sie mich an, als
sei ich ein Geist. Wir umarmten uns, lachten und weinten.
Wir tranken Tee und Rotwein. Wir hörten Radio. Später –
fast schon am Morgen – kamen noch Thomas, Friedrich und
Caroline. Dann verabschiedeten wir uns voneinander. Ich
radelte zurück und musste mich beeilen, denn ich wollte
nicht zu spät zu unserer Andacht kommen. Das war ein wun-
derschöner Traum, von dem ich sehr lange zehren werde.*

Der anschließende Gesang soll an diesem 10. November
1989, dem Tag nach dem Mauerfall, irgendwie anders ge-
klungen haben: leiser, vorsichtiger, als traue man der eigenen Stimme nicht. Als ob zu lauter Gesang die Träume
verscheucht hätte. Denn obwohl kaum einer geschlafen
hatte, geträumt hatten alle in jener Nacht. Den ausgereisten
Bruder im Café am Zoo getroffen, morgens um 5 bei der
Freundin in Kreuzberg Sekt getrunken, mit der Großmutter
im Wedding gefrühstückt und immer wieder gedacht: Ich
glaube, ich träume. Georg hatte zum Abschluss der Andacht den Choral „Nun danket alle Gott" ausgesucht. Ab
und an hörte man von den sonst so coolen Studenten ein
verschämtes Schluchzen.

Gern hätte ich dieses Träumen und Staunen, das Marianne
Subklew so bewegend erzählt, unmittelbar miterlebt. Doch
im Westen verlor sich das Staunen über dieses Wunder
schon bald in parteipolitischen Diskussionen und verordneten Feierlichkeiten. So drängte der katholische Kanzler
Helmut Kohl massiv auf ein flächendeckendes Glocken-
läuten zum 3. Oktober 1990. Kirchliche Bedenken gegen
das nationale Bimbam qualifizierte er angeblich als „däm-
lich, töricht und hinterfotzig" ab. Damit provozierte er ei-

nen heftigen gesellschaftlichen Streit, der auch mich erfasste. Ein *Spiegel*-Redakteur bat mich, meine Bedenken in einem offenen Brief an den Kanzler zu formulieren. *Des Kanzlers Läut-Seligkeit* stand über dem Schreiben, das am 17.9.1990 im *Spiegel* erschien. Darin schrieb ich u.a.:

... Viele Protestanten haben Vorbehalte gegen allzu „läutselige" Vorschläge flächendeckender Beschallung, aus gutem Grund: Läuteten die Glocken nämlich in der Alten Welt noch den Beginn der Sklavenarbeit, des Marktes oder der Öffnungszeiten der Bäder ein, so rufen sie heute vor allem zum Gottesdienst, begleiten Gebete und geleiten Heimgegangene zur letzten Ruhe.

Natürlich gab es in der Geschichte auch unrühmliche Ausnahmen, als Kirchenglocken zu Kriegssignalen, Siegesfanfaren und anderen politischen Zwecken missbraucht wurden. Ich denke an den 4. März 1933, als Hitler seinen Wahlkampf in Königsberg mit Choral und Glockenschall beendete, oder an die Eröffnung des Reichstages am 21. März jenes unseligen Jahres, als in Potsdam die Fahnen wehten und die Glocken läuteten, während viele Deutsche schweigend abseits standen, weil sie das Unheil heraufziehen sahen. Zwar ist unsere Situation – Gott sei Dank – eine ganz andere. Doch auch heute gibt es Millionen Deutsche mit großen beruflichen Sorgen und existenzieller Angst, die einen lauten Triumphalismus nicht nachvollziehen können oder gar als zynisch empfinden.

Auch sollten wir den östlichen Brüdern und Schwestern, die sich nach ihren bösen Erfahrungen keine Partnerschaft zwischen Kirche und Staat vorstellen können, unsere Vorstellungen nicht mit Glockenstärke um die Ohren schlagen. Darum will die Kirche weder dem Flehen der Bild-Zeitung („Lieber Gott, sprich ein Machtwort. Sie sollen läuten, läuten, läuten!") noch Ihrem polternden Drängen nachgeben, einen staatlich verordneten Feiertag mit frommen Requisiten zu bestücken oder gar Ihre Politik mit religiös-nationaler Gefühligkeit zu überhöhen.

Etwas anderes wäre es, wenn Sie und die Volksmeinung nach Gottesdiensten gerufen hätten, in denen deutlich gemacht wird, dass solch ein Tag mit Dank und Demut, mit Furcht und Fürbitte, mit Verantwortung und Opferwillen verbunden ist ... Unter solch klaren christlichen Vorzeichen darf dann – in Gottes Namen – auch geläutet werden ...

1990: Der Spiegel druckte den offenen Brief, auf den das Kanzleramt natürlich nicht antwortete.

Tatsächlich haben viele Pfarrer den Anlass mit einem Gottesdienst oder einem Gebet gewürdigt, zu dem dann natürlich auch die Glocken einluden.

Der braucht keine Blumen

Anneliese Tuchel, über 50 Jahre lang Inhaberin der größten theologischen Buchhandlung Norddeutschlands, war in Hamburg und für viele Theologengenerationen eine Institution. Mit ihr befreundet zu sein konnte aufregend und amüsant sein, doch wer sich diese „Löwin des Buchhandels" zur Gegnerin machte, hatte nichts zu lachen. Ein Vertreter oder Verleger, dem sie nach zähen Verhandlungen bedeutete: „Ich komme Ihnen entgegen", konnte von Glück sagen, wenn er noch halbwegs solvent aus dem Laden flüchten konnte. Sie war ein Schlitzohr mit ungeheurer Power, andererseits sehr verletzlich. Ihr passierten stets die schrecklichsten medizinischen und geschäftlichen Dramen. Aber sie hatte einen Sinn fürs Komische und konnte lachen wie ein volles Kino. Ihre Buchhandlung am Jungfernstieg 50 gibt es nicht mehr. Dort bietet heute ein Friseur „Alles für 11 Euro" an. Aber in die Hauswand ist eine Tafel eingelassen:

TREFF DES HAMBURGER ZWEIGES DER „WEISSEN ROSE"

In der Buchhandlung dieses Hauses trafen sich während des zweiten Weltkrieges Gegner des NS-Regimes bei dem Junior-Chef und Studenten Reinhold Meyer. Als Widerstandskreis verbreiteten sie u.a. die Flugblätter der „Weißen Rose" aus München. Ende 1943 verhaftete die Gestapo etwa 30 Angehörige der Gruppe. Durch unmenschliche Haftbedingungen oder Hinrichtung fanden den Tod: Frederik Geussenhainer, Elisabeth Lange, Dr. Curt Ledien, Hans Leipelt, Dr. Katharina Leipelt, Reinhold Meyer, Margarethe Mrosek und Margaretha Rothe.

Reinhold Meyer war Anneliese Tuchels älterer Bruder, der zweite wurde seit der Schlacht um Stalingrad vermisst. Die Familie ahnte, dass sich der gläubige und sensible Reinhold nachts mit Gleichgesinnten im Packkeller der Buchhandlung traf, um verbotene Literatur zu lesen und auf eine eher stille Weise gegen die Unfreiheit zu protestieren. Aber man sprach nicht darüber, auch nicht, als er 1943 verhaftet wurde. Die Familie verharrte bis zuletzt in doppelter Sprachlosigkeit: Über Reinholds Verhaftung durfte sie nicht reden. Nach seinem Tod konnte sie es nicht, weil man einander schonen wollte. Andererseits wurden die Berichte der Zeitzeugen mit dem Fortschreiten der Jahrzehnte immer wichtiger.

Über Helmut Thielicke stieß ich irgendwann zu Anneliese Tuchels Freundeskreis hinzu und konnte ihr in manchen Dingen theologisch und journalistisch raten. 1994, als die Buchhandlung 150 Jahre alt wurde, rang sie sich endlich durch, von den Geschehnissen um ihren Bruder öffentlich zu erzählen. Wir planten eine kleine Festschrift, in der ich sie dazu interviewte. Auch sollten Texte und Faksimiledrucke des Briefwechsels, der Tagebuchaufzeichnungen und der Kassiber jener Zeit abgedruckt werden. Das Interview entstand unter vielen Tränen. Schon die Erinnerung an Reinholds Verhaftung, an die Besuche der 18-jährigen Abiturientin im KZ Fuhlsbüttel, an die Angst vor einer Entdeckung der Kassiber, die sie und ihre Mutter im Deckel eines Marmeladenglases ins KZ hineinschmuggelten, fiel ihr unendlich schwer. Sie berichtete von der Warteschlange schwarz gekleideter Angehöriger auf der „Hasenhöhe" vor dem KZ Fuhlsbüttel. Auf dieser Straße herrschte eine Totenstille, während zwei Gestapobeamte die kleinen Päckchen überprüften. Anneliese Tuchel erinnerte sich:

„Einmal hatte Reinhold gebeten: 'Könnt ihr mir nicht einmal ein paar Blumen schicken?' Er hat sein Leben lang Blumen geliebt, meine Mutter nannte ihn manchmal ihren 'Blumenjungen'. So hatten wir auf dem Balkon einen kleinen Strauß Stiefmütterchen gepflückt und ihn oben auf das Paket gelegt. Der Gestapobeamte nahm den Strauß, schmiss ihn auf den Boden und sagte: 'Der braucht keine Blumen!' Das sind Sätze, die man nicht vergessen kann. Sie bleiben eingebrannt." *Der braucht keine Blumen* nannte ich dann auch das kleine Buch über Reinhold Meyer.

Eines Morgens im November 1944 fand sich im Briefkasten der Familie Meyer ein unfrankierter Brief von Reinhold. Irgendjemand hatte ihn aus dem KZ herausgeschmuggelt. Es sollte der letzte Brief des Bruders sein, noch voller Hoffnung. Er endet mit einem Wort von Martin Beheim-Schwarzbach, einem verbotenen Dichter:

„Harret die Weile noch aus,
bald ist der Kreis wieder rund
und der Mensch wieder gut."

Am selben Tag kam auch die Nachricht von Reinholds Tod. Anneliese Tuchel konnte nicht weinen. Die einzige Reaktion der angehenden Musikstudentin war, dass sie ihrem gebrochenen Vater versprach: „Jetzt mache ich die Buchhandlung." Das hat sie dann über 50 Jahre lang getan.

War das Interview und die Arbeit am Buch schon schwierig, so sah ich dem Festakt zum 150. Jubiläum mit noch mehr Bangen entgegen. Er sollte in der St. Michaeliskirche, dem „Michel", stattfinden, Hamburgs größter Kirche. Hunderte Kunden wurden erwartet, Freunde wie Jörg Zink waren angesagt, Überraschungsgäste wie der spätere Bundespräsident Johannes Rau sollten einschweben, auch er ein alter Buchhändler. Natürlich erwarteten alle eine Rede der Jubilarin, aber dazu wäre sie gesundheitlich und nervlich nicht in der Lage gewesen. Was tun? Nach vielen Überlegungen entwickelte ich den Plan, Anneliese Tuchels Rede schon vorher per Video aufzuzeichnen und im Michel von einem großen Bildschirm abzuspielen. Allein die Aufzeichnung brauchte zwanzig tränenreiche Anläufe. Immer wenn sie auf ihre Brüder zu sprechen kam, versagte ihre Stimme. Aber irgendwann hatten wir die Rede endlich im Kasten und konnten dem Festakt beruhigter entgegensehen.

1994: Der spätere Bundespräsident Johannes Rau und Jörg Zink gratulierten ihrer Freundin Anneliese Tuchel.

Es wurde ein unvergessliches Fest. Die Gäste wunderten sich, wie gelöst Frau Tuchel sie begrüßte – wo sie doch noch zu reden hatte. Aber die Angst war von ihr abgefallen. Nachdem Hauptpastor Helge Adolphsen, Jörg Zink und Johannes Rau ihre herzlichen Elogen abgeliefert hatten, sah und hörte man Anneliese Tuchel antworten, klug, ruhig und souverän, obwohl sie das Leid ihrer Familie nicht aussparte. Als sie geendet hatte, erhob sich die Festgemeinde zu Standig Ovations, vorn unter dem Bildschirm die glückliche Jubilarin. Und da ich darauf gedrängt hatte, dass sie in der Aufzeichnung denselben Anzug trug wie am Festtag, haben manche vermutlich gar nicht gemerkt, dass ihre Rede nicht live war. Von diesem Tag und seinem überwältigenden Echo hat die Buchhändlerin vom Jungfernstieg lange gezehrt. Doch blieb ihr Leben traumatisch überschattet und ihre Buchhandlung konnte sie 1998 nicht länger halten. Anneliese Tuchel siechte dahin und starb 2000.

Im November 1944, als sie die angeblich leere Brieftasche ihres Bruders zurückbekam, fand sie einen Zettel darin, den die Gestapo übersehen hatte. Reinhold hatte darauf ein Wort notiert, das der verbotene Maler Franz Marc kurz vor seinem Tod geschrieben hatte: „Wie schön, wie einzig tröstlich zu wissen, dass der Geist nicht sterben kann, unter keinen Qualen, durch keine Verleugnungen, in keinen Wüsten. Dies zu wissen macht das Fortgehen leicht."

Kirche als Unternehmen

Bei einem Schäfer und seiner Heidschnuckenherde fuhr ein silberfarbener Porsche vor. Ein jungdynamischer Typ in Brioni-Anzug, Krawatte und Sonnenbrille stieg aus, sagte zu dem Schäfer. „Wenn ich Ihnen exakt sagen kann, wie viele Schafe Sie haben, kann ich mir dann eins nehmen?" Der schmunzelte und sagte: „O.K.!" Schon entfaltete der junge Mann große Aktivitäten, zählte Beine, schritt Flächen ab, stellte Fragen, tippte alles in seinen Computer, druckte eine Menge Papier aus und berichtete dem Schäfer nach einer Stunde: „734!" – „Stimmt", nickte der: „Suchen Sie sich eins aus." Siegessicher schnappte sich sein Besucher ein Tier und wollte es gerade in seinem Auto verstauen, als der Schäfer sagte: „Wenn ich Ihnen auf den Kopf zusage, was Sie von Beruf sind, kriege ich dann mein Tier wieder?" – „Warum nicht?", antwortete der Manager, und der Schäfer sagte: „Sie sind Unternehmensberater." – „Tatsächlich", bestätigte der verblüfft. „Woher wissen Sie das?" – „Ganz einfach", meinte der Schäfer: „Wenn sich einer ungefragt einmischt, von meiner Arbeit keine Ahnung hat, tausend Fragen stellt, Berge von Papier produziert, um mir endlich das zu sagen, was ich längst weiß, dann kann er nur Unternehmensberater sein. Und nun geben Sie mir meinen Hund zurück."

Nichts gegen gute Unternehmensberater. Längst hat dieser Berufsstand auch in den Kirchen Einlass gefunden, die sparen müssen. Überall betreibt man „Regionalisierungen" und Fusionen, streicht Stellen und reduziert Angebote. Auch die Nordelbische Kirche musste schon vor 12 Jahren

Der »Andere Advent« 2000/2001: Eine Schäferin in der Lüneburger Heide.

zig Millionen Euro einsparen. Und weil sich die Kirchenleitung solch einen Kraftakt und die nötigen Prioritätensetzungen allein nicht zutraute, suchte sie ihr Heil bei einem dynamischen Unternehmensberater samt seinen jungen Mitarbeitern. Mit dieser Firma begaben sich *Dienste und Werke* in ein mühsames, vieljähriges Projekt mit ganztägigen Workshops, hochkarätigen Leitungs- und Lenkungsausschüssen, fleißigen Standortteams und dickleibigen Fotoprotokollen. Als Leiter des bundesweit erfolgreichen Amtes für Öffentlichkeitsdienst mussten auch ich und meine Mitarbeiter an diesen schweißtreibenden, zeitraubenden Prozeduren teilnehmen.

Natürlich kann es manchmal hilfreich sein, seine Arbeitsfelder einige Wochen von außen analysieren zu lassen, um Doppelstrukturen abzubauen, Verwaltungsabläufe zu verschlanken und deutliche Einsparungen zu erzielen. Hier aber wurde der Prozess zugleich mit einem öffentlichen Diskussionstabu belegt, sodass den Synodalen am Ende nur Zustimmung übrig blieb, als der Berater ihnen in einem eineinhalbstündigen Vortrag Zahlen, Statistiken und Overheadfolien präsentierte, deren Wahrheitsgehalt sie aus eigener Kenntnis weder bestätigen noch widerlegen konnten.

Wie sehr aber diese Berater-Techniken Einfluss auf die Inhalte kirchlicher Arbeit haben können, will ich an einem Beispiel erläutern: Die Mitarbeiter meines Amtes bekamen vom Berater-Team die Aufgabe gestellt, ihre beruflichen Kontakte auf kleine Kärtchen zu schreiben und an eine Pinnwand zu heften. Da Kommunikation eine der Hauptaufgaben der Öffentlichkeitsarbeit ist, füllten sich die vorhandenen Karten schnell. „Halt!", rief da der promovierte Berater, „das sind viel zu viele! Lassen Sie alle säkularen Kontakte weg." Öffentlichkeitsarbeit ohne Kontakte zu Presseagenturen, Redaktionen, Journalisten, Graphikerinnen, Fotografen etc? Wir wunderten uns und entfernten diese wichtigen Partner. „Halt!", rief der Berater erneut, „es sind immer noch zu viele. Beschränken Sie sich auf nordelbische Kontakte!" So ließen die AfÖ-Mitarbeiterinnen auch die internationalen, die ökumenischen und EKD-weiten Kontakte fallen und füllten die Wand nur noch mit den nordelbischen, soweit sie draufpassten. Unsere Arbeit wurde damit natürlich keineswegs angemessen dargestellt. Für mich hat dieser Vorgang Symbolcharakter: Wenn sich die Methoden eines Beratungsprozesses als unfähig erweisen, die Spezifika der Arbeit ausreichend zu erfassen, dann sind sie untauglich und haben auch einschränkende Wirkung auf die Ergebnisse.

Auch die ökonomisch-technokratischen Methoden und eine naive Abstinenz gegenüber theologischen Inhalten stellten die Kompetenz der Untersuchenden infrage. So behauptete der Firmenchef in einem Interview mit den *Nordelbischen Stimmen* im April 2000: „Wir mischen uns überhaupt nicht in die Theologie und die inhaltlichen Debatten der Kirche ein … Wir betrachten diese als Rahmenbedingungen und konzentrieren uns auf den strukturellen Prozess."

Hier glaubte tatsächlich ein Berater, der kirchliche Inhalte und Aktivitäten systematisch mit einer ökonomisch-technischen Begrifflichkeit definierte, der „die Veränderung von Menschen und Strukturen" für das Faszinierende seiner Profession hielt, er mische sich keineswegs in theologische Inhalte ein. Wer sich in theologischer Systematik auskennt, kann das nur als gefährliche Unkenntnis oder bewusstes Vernebeln bewerten. Und dass eine Begrifflichkeit immer auch entscheidende Konsequenzen für ihre Inhalte hat, wissen Philosophen und Theologen schon sehr lange. Im Deutschen Pfarrerblatt diskutierte man solche Beratungsprozesse bereits Jahre zuvor kontrovers und grundsätzlich. Dort stellte der Theologe Dietrich Neuhaus die zugespitzte These auf, dass die evangelische Kirche von einem ökonomischen Fundamentalismus heimgesucht werde, der „in quasi-rationalem Gewand auftritt, unter dem man nichts Religiöses vermuten würde: Er spricht im Jargon der Organisationsberatung und -entwicklung und sein Schibboleth heißt *Kirche als Unternehmen*.“ Neuhaus vermutet hinter diesem Szenario einen Machtkampf der Kirchenverwaltungen, die autonome kirchliche Teilbereiche leiten und steuern wollten: „Das Kirchenbild, das die Organisationsberater in die Kirche hineingetragen haben, liegt dabei weit unter CVJM-Niveau. Es musste sich nie vor dem Forum reflexiver Theologie verantworten und ist in seiner bestürzenden Schlichtheit vermutlich auch von keinem theologischen Gedanken je zu erreichen.“

Ich glaube, es ist eine große Versuchung für Kirchenleitungen und -verwaltungen – wohl auch ein Zeichen von Kleinglauben –, das Eigentliche ihres Auftrages, das Proprium, zu vernachlässigen und sich stattdessen allerlei zeitgeistigen Strömungen auszuliefern. Warnte Helmut Thielicke seinerzeit in seinem Buch „Leiden an der Kirche“ vor der „Flucht vom Text in die Textilien“, so kam nun die Flucht in Beraterpraktiken und Bürokratie dazu. Dabei müssen alle in der Kirche Verantwortlichen eines gemeinsam verhindern: dass wir strukturelle Luftgespinste spinnen und viele organisatorische Künste treiben, dabei aber immer weiter vom theologischen Ziel abkommen. Insofern werden unsere Leitungsgremien in Zukunft nicht darum herumkommen, selbst Prioritätenentscheidungen zu fällen, den Primat der Theologie durchzusetzen, für das geistliche Profil der Kirche Sorge zu tragen und am Ende für das Ergebnis auch öffentlich die Verantwortung zu übernehmen.

1977: Die Nordelbische Kirche lief vom Stapel.(Karikatur: Heß)

Der Advent soll anders sein

Meine Mutter starb plötzlich und mit 53 Jahren viel zu früh. Am 1. Advent stand ich als 17-jähriger an ihrem Sarg und dachte: Jetzt kann es für uns nie wieder Advent und Weihnachten werden. Dann aber lernte ich diese Zeit jenseits aller oberflächlichen Stimmungen schätzen. Ich hörte biblische Zusagen wie „ich will euch trösten, wie einen seine Mutter tröstet", sang Jochen Kleppers Zeilen „auch wer zur Nacht geweinet, der stimme froh mit ein. Der Morgenstern bescheinet auch deine Angst und Pein." Ich begriff: Weihnachten geht es nicht um eine heile, sondern um eine getröstete Welt. In jener Zeit entwickelte ich ein tiefes, inniges Verhältnis zum Christfest und eine kritische Sicht auf die laute, kitschige Weise, jene Wochen zu konsumieren und zu feiern. Vermutlich wuchs in mir schon damals der Wunsch nach einem anderen, spirituellen Adventskalender, der die Probleme dieser Welt nicht verdrängt, sondern damit Ernst macht, dass die Hoffnung des Advents für Lachende und Weinende, für Feiernde und Traurige gleichermaßen gilt.

Als wir den *Anderen Advent* 1995 entwickelten, wollten wir auch daran erinnern, dass der Advent eine alte christliche Fastenzeit ist. Aber sollten wir den Leuten empfehlen, ausgerechnet in dieser Zeit auf Kekse, Stollen und Glühwein zu verzichten? Das kam uns dann doch zu lustfeindlich vor und klang eher nach Lebensentsagung als nach Lebenshilfe.

Worauf stattdessen verzichten? Worunter leiden immer mehr Menschen? Nach unserer Diagnose ärgern sie sich darüber, dass Weihnachten zu früh, zu kommerziell und zu oberflächlich daherkommt. So beginnt das britische Kaufhaus *Harrods* sein „Christmas Shopping" Anfang August, und auch bei uns rücken die schokoladenen Weihnachtsmänner bereits nach den Sommerferien in die Regale der Kaufhäuser. Immer mehr Menschen empfinden Überdruss darüber, dass ihnen so die Vorfreude genommen wird und dass andere wichtige Tage wie Erntedank, Bußtag oder Ewigkeitssonntag verdrängt werden. Von dem einfallslosen Halloween will ich hier gar nicht erst reden.

Diesen Ärger über das zu frühe, zu hektische und zu kommerzielle Weihnachten wollten wir aufgreifen, zugleich die Sehnsucht, Advent und Weihnachten wieder eine Nummer kleiner, leiser und meditativer zu feiern: zurück zu den inhaltlichen Wurzeln des Christfestes. Schließlich sagte der Weihnachtsengel den Hirten nicht: „Siehe, ich verkünde euch großen Stress und gesegneten Warenaustausch", sondern: „große Freude, die allem Volk widerfahren soll".

So rief ich mit Freunden 1995 die Aktion *Der Andere Advent* ins Leben. Zum einen holt sie die Menschen bei ihrem Überdruss ab und gibt ihnen den Rat: Haltet euch an den gesunden, heilsamen Rhythmus des Kirchenjahres; lasst euch wirklich auf diese besinnliche Zeit ein. Zum anderen greift sie die Sehnsucht auf, die hinter all unseren Verlängerungen der Weihnachtszeit vermutet wird. Der Journalist und Theologe Matthias Morgenroth spricht sogar davon, dass unsere Gesellschaft einer Weihnachtsreligion nachhängt, die uns das ganze Jahr über untergründig beschäftigt. Es ist die Sehnsucht nach dem Geschenk eines Kindes, nach Werten wie Familie und Liebe, Frieden und Spiritualität.

Der Andere Advent ist anders,

- weil er am Vorabend des 1. Advent beginnt und nicht nur bis Weihnachten dauert, wo viele Gestresste in ein tiefes Loch fallen, sondern bis Heilige Drei Könige am 6.1.,
- weil er Menschen in dieser stressigen Zeit einlädt, sich täglich zwölf Minuten Stille zu gönnen zum Lesen, zum Meditieren und zum Beten,
- weil der begleitende Kalender nicht voller kitschiger Texte, Bilder, Sterne und Weihnachtsmänner ist, sondern schlicht, nachdenklich, problembewusst, aber zugleich tröstlich. Auch Geschiedene, Arbeitslose, Gefangene oder Trauernde sollen darin vorkommen können, denn gerade ihnen gilt die Weihnachtsbotschaft und mein Motto: „Weiter als der Traum einer heilen Welt trägt uns der Trost der Heiligen Nacht."

2006: Die Weihnachtsgeschichte aktuell erzählt: Joseph erhält seine Botschaft auf einem Bahnhof.

Seit 1995 wächst die Aktion jedes Jahr. Mittlerweile wissen anderthalb Millionen Leserinnen in 42 Ländern diesen Ansatz zu schätzen. Was wir seinerzeit mit 4000 Kalendern begannen, hat inzwischen allein durch Weiterverschenken und Mund-zu-Mund-Propaganda eine Auflage von 400 000 Exemplaren erreicht. Dabei hat eine repräsentative Umfrage ergeben, dass 14 Prozent unserer Leserinnen mit Kirche nicht viel am Hut haben. Wegen der Mischung von Erich Fried und Theresa von Avila, Loriot und Mascha Kaleko, den Peanuts und Jörg Zink sind sie aber offenbar bereit, sich auch mit religiösen Themen zu beschäftigen. Die Teilnehmenden beziehen den *Anderen Advent* im Schnitt schon sechs Jahre lang und sagen zu 49 Prozent: Der Kalender „macht mich zum Teil einer Gemeinschaft" und „stärkt meinen Glauben". Das freut mich und erinnert mich an eine Leserin, die uns schrieb: „Als mein Vater sich vor Jahren das Leben nahm, kam mir mein Glaube abhanden, einfach so. Jetzt, Jahre später bei der Lektüre Ihrer Schriften, ist er mir langsam wieder ins Haus geweht."

Und das, wo Kommunikationswissenschaftler uns sagen, dass Medien keine Konversionen machen. Dass es eine fromme Legende ist, dass jemand in der Mülltonne ein Stück Bibel findet und flugs zum Glauben kommt. Dass es dazu eher der Begegnung mit leibhaftigen Christen bedarf. Wie kann man diesen Erfolg des Vereins *Andere Zeiten* erklären? Zweifelsfrei kann auch ich es nicht sagen, aber drei Antworten fallen mir ein:

— Beim Team stand nie wirtschaftlicher Erfolg im Vordergrund. Wir wollten nur das von unserem Glauben weitergeben, was uns wichtig ist. Dass uns das heute in die Lage versetzt, einen Journalisten- und einen Missionspreis zu stiften sowie andere Projekte mit einigen Millionen Euro zu unterstützen, nehmen wir staunend hin als ein Geschenk.

2004: Bischöfin Dr. Margot Käßmann und der Autor mit dem neuen Kalender.

– Es ist ein großes Privileg, dass die Redaktion sich viel Zeit nehmen kann. So beginnt sie ihre Arbeit für den nächsten Adventskalender schon im Oktober des Vorjahres. Sie braucht diese Zeit für eine durchdachte Mischung und hat kein Interesse an einer Ausweitung ihres publizistischen Programms, was nur auf Kosten der Sorgfalt ginge. Und:

– *Andere Zeiten* ist in den Augen der Leserinnen kein Verlag, kein anonymes Kirchenamt und kein unpersönliches Callcenter, sondern ein Team von 15 engagierten Christen, die bei den Aktionen selbst mitmachen und ab und an von den eigenen Erfahrungen erzählen. Darum schreiben den Redakteuren bis zu 1000 Leser/innen, rufen sie an, besuchen sie, schicken Bilder von ihrem Tannenbaum, ihren Kindern oder Tieren, erzählen auch von Scheidung und Einsamkeit, von Krankheit und Trauer, von Gefangenschaft und Armut. Wie der Arbeitslose, der schrieb: „Wenn die ganze Gesellschaft zu einem strahlenden, klingenden Kaufhaus wird, falle ich hinten runter, dann komme ich nicht vor." Solchen Opfern unserer Gesellschaft wird der Kalender auf Wunsch auch kostenlos zugesandt. Die Mitarbeitenden versuchen, allen Schreiber/innen zu antworten. Oftmals wird ein seelsorgerlicher Kontakt daraus. Manchmal werden befreundete Briefseelsorger hinzugezogen. Manche Teilnehmende empfinden *Andere Zeiten* als ihre Gemeinde, aber der ökumenische Verein will keine Kirche sein. Er kann allenfalls eine missionarische Vorhalle vor den Kirchen bieten und es den Menschen selbst überlassen, welche Konsequenzen sie für ihre eigene Kirchenmitgliedschaft ziehen wollen.

Auf dem Grab meiner Mutter – inzwischen auch meines Vaters – steht ein steinernes Kreuz mit der Aufschrift: „Komm, o mein Heiland Jesu Christ!" Eine Bitte aus einem Adventslied, die weitergeht: „… meins Herzenstür dir offen ist." Es ist Ausdruck einer Sehnsucht und einer Hoffnung nach jenem anderen Advent, der am Geburtstag Jesu von Nazareth seinen Anfang nahm.

Nissan kann sich entschuldigen

Sie wollten besonders cool und provozierend sein, die Werbetexter der jungen Hamburger Ideenagentur *Zum goldenen Hirschen*, die einen Auftrag des japanischen Autoherstellers Nissan an Land gezogen hatten. Um junge Norddeutsche für den Kleinwagen Micra zu erwärmen, bedienten sie sich in ihrer Kampagne der Heiligen Schrift. Nun sind wir hierzulande ja einiges gewohnt: „Pastoren" werben für Kaffee, „Ordensschwestern" für Waschpulver, „Mönche" für Klimaanlagen, ohne dass sich jemand darüber aufregt. Warum auch? Zeigt es doch, dass man der Glaubwürdigkeit der Kirchenleute noch einiges zutraut. Und die Symbole und Sprachbilder der Bibel haben offenbar immer noch mehr Originalität und Kraft als die Ideen und Formulierungen der modernen Sprücheklopfer.

Was die *Hirsche* sich für ihre Anzeigen und Plakate allerdings herausnahmen, ging eindeutig zu weit. „Fahren ist seliger als laufen", hieß es da, und: „Seid versichert: Nissan ist bei Euch!" Mit „Fahre dich in Versuchung" und „Dein Micra komme" persiflierten die *Hirschen* das Vaterunser. Aber auch vor der Liturgie des Heiligen Abendmahls und vor Jesu Kreuzesworten schreckten sie nicht zurück, indem sie alberten: „Und er nahm den Nissan und teilte ihn in 72 Raten", oder: „Väter gebt ihnen, denn sie wissen, was sie tun!" Schließlich verballhornten sie auch noch den gottesdienstlichen Segen für ihre Zwecke: „Im Namen des Vaters, des Sohnes und der eiligen Familie".

Als Öffentlichkeitspastor in einer säkularen Medienmetropole pflegte ich in Übereinstimmung mit dem katholischen Kollegen solch provozierende Entgleisungen meistens ironisch zu kommentieren oder schweigend zu übergehen. Dennoch gibt es Situationen, in denen man öffentlich „Stopp" sagen und Flagge zeigen muss, weil eine eindeutige Grenze überschritten wird. Wo die Werbung so rüde das veräppelt, was anderen Menschen heilig ist, hört der Spaß auf. Darum übermittelten wir allen Beteiligten und der Öffentlichkeit einen scharfen Protest, der von vielen Medien aufgegriffen wurde. „Nissans zehn Gebote verletzen religiöse Gefühle", titelte das *Hamburger Abendblatt* am 4. Juni 1997 und zitierte unter anderen die Hamburger Bischöfin Maria Jepsen: „Die Anzeige ist mehr als geschmacklos. Beschämend ist ein solcher Missbrauch der Bibel zu Werbezwecken. Der Autohersteller hat hier einen argen Fehler begangen. Luther schreibt: 'Wie einer lieset in der Bibel, so steht in seinem Haus der Giebel.' Was das in dieser Angelegenheit bedeutet, mag jeder, jede folgern."

Während etwa der Sprecher des ADAC unserem Protest beipflichtete und die Hamburger Nissan-Niederlassung die Kampagne stoppte, zeigten sich die flotten *Hirsche* wenig einsichtig. So verteidigte deren Kreativ-Geschäftsführer Bernd Heusinger die Kampagne im *Hamburger Abendblatt*: „Der Kirche sollte es doch recht sein, dass mit ihrer Sprache noch lebendig gespielt wird", sagte er und schwadronierte weiter: „Wir verwenden Imperative (der Bibel). Sie haben sicher eine tiefenpsychologische Wirkung, auf Imperative hat die Kirche allein kein Copyright." Und der SPIEGEL präsentierte „zum saloppen Umgang mit christlichem Gedankengut" einen weiteren Fürsprecher:

„Die Mehrheit der Bevölkerung", glaubte *Carlos Obers,*
Sprecher des deutschen Art Directors Club, fühle sich
durch die Anleihen aus der Heiligen Schrift „in ihren religiösen Gefühlen nicht verletzt". Laut Obers, der angeblich
selbst mal drei Semester Theologie studierte, nehmen die
Menschen „kirchliche Mythen wahr wie andere Mythen
auch, wie Drachen, Riesen, Saurier".

Angesichts dieser Begriffsverwirrung beschloss meine *Pro-*
jektgruppe Glaubensinformation, einen deutlichen Brief
nach Tokio zu faxen, um eine Klarstellung von der Nissan-
Zentrale einzufordern. In dem langen Schreiben, das wir
eigens ins Japanische übersetzen ließen, erläuterten wir
noch einmal ausführlich, worin wir die nicht hinnehmbare
Verletzung religiöser Gefühle sahen. Wir endeten:

Wir gehen davon aus, dass auch in der japanischen Kultur
streng darauf geachtet wird, religiöse Symbole und Texte nicht
für kommerzielle Zwecke zu missbrauchen, und erwarten des-
halb, dass Sie Ihren Vertriebsorganisationen weltweit ent-
sprechende Anweisungen geben werden. Dies liegt unseres
Erachtens auch im Interesse des Ansehens Ihrer Firma.

Und siehe da, der Automobilkonzern, der überall mit dem
Slogan „Nissan kann" warb, antwortete der Projektgruppe
nach wenigen Tagen. In dem Fax aus Tokio stand – wiederum auf Japanisch:

Wir entschuldigen uns bei Ihnen von Herzen dafür, dass wir
Unannehmlichkeiten bereitet haben ... Wir haben nicht be-
absichtigt, dass die Gläubigen sich verletzt fühlen. In Zukunft
achten wir darauf, dass so etwas niemals wieder passiert.

„Nissan kann" – offenbar sich auch entschuldigen.

北ドイツに於ける自動車広告の件

拝啓

貴方ファックス受領致しました。この度はご迷惑をお掛け致しまして、誠に申し訳ございませんでした。日産本社として深くお詫び申し上げます。ご承知の通り、本件に関しましては貴方よりご指摘を受けた後、直ちに謝罪広告を掲載し、キャンペーンも即刻中止致しました。

本広告はハンブルグのディーラーが日産の認知度を高める目的で地元の広告代理店に制作させたもので、信仰心のある方々の感情を害するつもりは毛頭ありませんでした。

今後はこの様なことが起こらないよう、指導していく所存であります。

1997: Ein Entschuldigungsbrief aus Tokio.

Was nicht per Du ist, ist perdu

Ich ärgerte mich. Ein Fotojournalist hatte abgesagt und mir stattdessen einen unbekannten Vertreter geschickt. Als Chefredakteur von *Blickpunkt Kirche* hatte ich grundsätzlich nichts dagegen, die Zusammenarbeit mit einem neuen Profi zu testen, aber in diesem Falle war es besonders riskant. „Lachende Menschen in der Kirche" war das Fotothema, zu dem man in keiner Bildagentur fündig wurde. Offensichtlich war der Humor in der Kirche noch nicht so verbreitet. Also hatte ich ein gutes Dutzend Freundinnen und Mitarbeiter in eine Kirche geladen, in der Hoffnung, sie gehörig zum Lachen zu bringen. Da kam es auf die Sensibilität des Fotografen an, auf die Chemie zwischen uns und auf seinen Sinn für Humor. Und nun ein unbekannter Vertreter. Das konnte ja heiter werden. Der fotogene junge Mann, der mit seinen Fototaschen und Stativen in die Kirche kam, wirkte ganz umgänglich und hatte gleich ein paar muntere Sprüche drauf, die unsere kleine Gemeinde schnell auflockerten. Dann fingen wir an, Witze zu erzählen, ich die kirchlichen, er die säkularen. Langsam kamen wir selbst in Stimmung, ergänzten uns immer besser, während die Gemeinde Tränen lachte. Eine amüsante Stunde. Die Bilder wurden recht brauchbar und ich sagte mir: Mit dem willst du in Zukunft öfter zusammenarbeiten.

Er war selbst kein Kirchenmitglied. Doch in den nächsten Monaten hatte er sich viel mit Gottes Bodenpersonal zu befassen. Er traf Deutschlands ersten Aidspastor und den Flüchtlingspfarrer, fotografierte die Seemannspastorin, einen Gefängnisgottesdienst und mehrere Krankenhausseelsorger.

Lernte die Bischöfin kennen und mehrere Ehrenamtliche aus Gemeinden, Diakonie und Öffentlichkeitsarbeit. Irgendwann nach einem Jahr kam er mit dem Wunsch zu mir: „Ich möchte dazugehören. Willst du mich taufen?"

Eine Gemeinde wird zum Lachen gebracht.

Ich wollte schon, aber eine Erwachsentaufe geschieht nicht so automatisch wie eine Schluckimpfung. Da braucht man eine Reihe von Gesprächen über Bibel, Glauben und Leben. Schließlich soll ein dreißigjähriger Täufling selbst entscheiden, wozu er „Ja" sagt. Der Fotograf war sofort dazu bereit, und als wir im Freundeskreis von unseren Plänen berichteten, stieß auch noch ein Taxifahrer hinzu, der sich schon länger mit dem Gedanken trug, Christ zu werden. Wir begannen an einem Abend in meiner Wohnung. Der Taxifahrer kam vor seiner Nachtschicht, der Fotograf von einem Pressetermin. Wir stärkten uns erstmal bei Essen und Trinken und erzählten zunächst, was uns beschäftigte. Wo drei ausgewachsene Männer über den Glauben reden wollen, da hat man sich viel zu erzählen: über Kindheit und Erziehung, Enttäuschungen und Hoffnungen. Da muss auch der Pastor sein Leben befragen wie die anderen, wenn er glaubwürdig sein will. So wurde unser erster Abend sehr ehrlich und persönlich, und er ging schnell vorbei. In den nächsten Wochen wollten wir uns mit der Bibel beschäftigen. Uns war klar, dass wir viele Abende brauchen würden. Aber ein bisschen freuten wir uns auch darauf.

In der Folge sprachen wir über Schöpfung und Sündenfall, Brudermord und Turmbau, Gebote und Hiobs Leiden, über Psalmen und Propheten. Dann wurde es Zeit, über Jesus zu reden, über den verlorenen Sohn und die Ehebrecherin, über die Bergpredigt und das Vaterunser. Dabei kamen wir immer wieder auf unser eigenes Leben zu sprechen, erst recht, als der Fotograf während dieser Monate Vater eines Sohnes wurde. Da stellen sich manche Fragen nach Gott und dem Leben noch aktueller und handfester. Am Ende hatten wir tatsächlich 14 faszinierende Abende hinter uns, bevor wir die gemeinsame Taufe planten. Es wurde eine eindrückliche Feier mit Freundinnen und Freunden, die von den Täuflingen anschließend zu einem festlichen Essen geladen wurden – der Taxifahrer war von Haus aus Koch. Inzwischen gehören der Fotojournalist und sein Sohn – den ich zehn Jahre später auch taufte – zu meinem Freundeskreis.

Natürlich ist dies ein singuläres Beispiel, das so kaum wiederholbar ist. „Es gibt auch noch die ganz korrekte Pressearbeit", wie mir mein damaliger Vorgesetzter, ein Oberkirchenrat, deutlich zu machen versuchte. Doch dieses Hinweises bedurfte es nicht, denn dass Presseerklärungen und -konferenzen, Auskünfte und Interviews in einer Medienmetropole wie Hamburg zu den professionellen Pflichten eines Pressepastors gehören, wusste und praktizierte ich täglich selbst. Aber daneben gab und gibt es auch die Kür – vertrauliche Hintergrundgespräche über kirchliche Themen, regelmäßige Begegnungen, Stammtische und Feste, die Trauung eines Journalistenpaares, Wiedereintritte und viele persönliche, oft seelsorgerliche Kontakte. Bei solchen Gesprächen wächst Vertrauen, nicht selten Freundschaft, manchmal sogar Glauben. Denn viele Journalisten dieser säkularen Stadt haben kaum noch Zugang zu christlichen Themen, dafür aber viele Fragen, Probleme und neue Neugier auf die Sache mit Gott. Solchen Erwartungen muss man sich mit seiner eigenen Person stellen, authentisch und getreu dem Satz: Was nicht per Du ist, ist perdu.

Diese Begegnungen machen die Arbeit spannend und erleichtern sie ungemein. Denn wann immer einer dieser Journalisten anrief, um Näheres über ein Ereignis, einen Skandal oder eine Personalie zu erfahren, konnte ich ihm die Hintergründe vertraulich erläutern, um anschließend mein offizielles Statement abzugeben. Diese Offenheit ist in 36 Jahren und vielen Tausend Kontakten nur zweimal enttäuscht worden: eine höchst erfreuliche Quote des Vertrauens.

Ich geb dir einen Engel mit

Alle Esoteriker und Spökenkieker priesen 1999 ihre abstrusen Rezepte für die vermeintliche Jahrtausendwende an. Da setzten wir uns mit einigen Mitarbeitern zusammen und fragten uns: Welche Symbole christlicher Hoffnung würden wir für diese Zeitreise in einen Koffer packen? So entstand ein Segenskoffer mit Brot (Matzen) und Salz, Kerze und Kreuz, Pilgermuschel und Blumensamen – und einem kleinen schlichten Bronzeengel mit segnenden Händen. Ich ließ ihn bei dem Künstler Christoph Fischbach aus Maria Laach entwerfen und in den Werkstätten des Benediktinerklosters gießen. Die Koffer sind längst vergriffen, aber die Engel haben sich selbstständig gemacht und sind inzwischen Legion. Man trifft sie überall: in Kinderzimmern, in Jackentaschen von Politikern, bei Soldaten in Afghanistan, auf dem Schreibtisch eines Bundespräsidenten und immer wieder auf den Nachttischen von Krankenhäusern und Hospizen.

Wenn ich sehe, dass nun schon über eine Million unserer Segensengel unterwegs sind, komme ich manchmal ins Grübeln. Katholiken haben es leichter. Sie pflegen ein unbefangenes Verhältnis zu Symbolen und Devotionalien. Ein evangelischer Theologe aber hat mitunter spirituelle Bauchschmerzen, etwa wenn Menschen nach dem „Glücksengel" verlangen. Aber wie das Gotteswort im Menschenwort nicht vor Fehldeutungen geschützt ist, kann auch ein Engelssymbol als Maskottchen missverstanden werden. Auch deshalb liegt jedem Engel eine Art Waschzettel bei, auf dem gewissermaßen vor Risiken und Nebenwirkungen gewarnt wird:

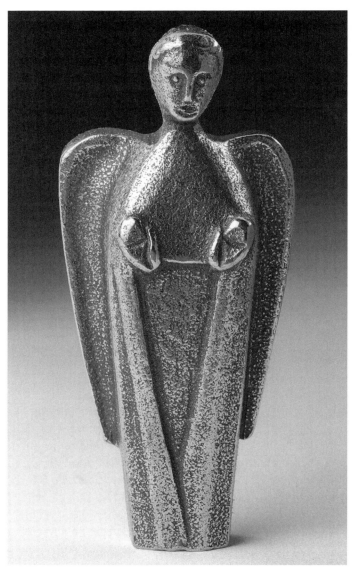

Millionenfach gefragt: Der kleine segnende Engel aus Maria Laach.

Zwar kann diese kunstvoll gestaltete Bronzefigur, die so gut in der Hand liegt, nichts unmittelbar für Sie bewirken. Sie kann Sie aber an die tröstende Zusage Gottes erinnern: „Fürchte dich nicht, denn ich habe dich erlöst, ich habe dich bei deinem Namen gerufen, du bist mein." Aus vielen Briefen und Erzählungen wissen wir, dass solche Engel auch in Momenten von Angst und Krisen eine handfeste Vergewisserung dessen sein können, dass wir nie aus der bergenden Hand Gottes herausfallen.

Eine Million Engel sind auch eine Million persönlicher Geschichten. „Ich geb dir einen Engel mit … Erfahrungen mit einem Symbol" heißt unser kunstvoll gestaltetes Lesebuch, in dem einige Leser von ihren Erfahrungen mit dem Bronzeengel erzählen. Sie schreiben von Erlebnissen mit einem piependen Engel bei Flughafenkontrollen, von seiner beruhigenden Wirkung im Kinderzimmer. Von seinem Einsatz in Kriegsgebieten, von seinem Reiz für Diebe und Politiker. Von seiner mutmachenden Rolle an Krankenbetten und seiner tröstenden in Zeiten der Trauer. So erzählt Friederike von Hodenberg von einem seelsorgerlichen Einsatz im Krankenhaus am Bett einer Patientin:

„'Ich kann nicht an Gott glauben. Wenn ich das könnte, dann wäre sicher alles leichter zu ertragen', sagte sie in unserem ersten Gespräch. 'Glauben Sie an Engel?', fragte ich. 'Nein', antwortete sie. 'Aber an die Liebe glauben Sie?', fragte ich weiter. 'Ja, an die Liebe glaube ich. Mein Mann und meine Mutter, sie lieben mich wirklich', erwiderte sie nachdenklich. 'Die Liebe ist göttlich', sagte ich daraufhin, 'und die Liebe trägt und führt uns über den Tod hinaus. Wenn wir der Liebe eine Gestalt geben, dann ist die Liebe unser Engel.' Sie lächelt und sagte: 'Ja, so kann ich den En-

gel sehen.' Für einen Moment schaute sie in die Ferne und fuhr dann fort: 'Er ist groß und hat lange Haare und einen langen, blauen Mantel.' – 'Hat er ein Gesicht?', fragte ich. 'Nein', erwiderte sie, 'ein Gesicht hat er nicht, aber es geht ein Strahlen von ihm aus.'
Am nächsten Tag brachte ich ihr einen bronzenen Engel mit und legte ihn in ihre Hand. Sie schaute ihn an: 'Ja, der ist schön, das ist mein Engel', sagte sie und umschloss ihn mit ihren Fingern. Sie legte ihren Engel nur auf ihren Nachttisch, wenn sie zu Untersuchungen musste, in der Furcht, er würde verloren gehen. Sie hatte auch Sorge, er würde runterfallen und zerbrechen. Aber er fiel nie runter. Nur manchmal musste sie ihn aus der Hand legen, wenn er heiß geworden war von ihrer Körperwärme. Oftmals in den letzten Wochen ihres Lebens rang sie um ihren Seelenfrieden mit dem Engel in der Hand.
Einen Tag vor ihrem Tod öffnete sie ihre Hand, als wolle sie auf ihn zeigen, und sagte mit einem Lächeln: 'Wir haben es geschafft. Vielen, vielen Dank.' Dann umschloss sie ihn wieder. Sie ging leise hinüber mit ihrem Engel in der Hand. Sie hat ihn mitgenommen."

Was hier beschrieben wird, kann als exemplarisch gelten. Denn viele Krankenhausseelsorger können sich ihre Arbeit ohne den segnenden Engel kaum noch vorstellen. Eine von ihnen, Ursula Mühlenberend, berichtet: „Ich habe immer einen Engel in der Tasche. Ich weiß, er ist da. Er hilft mir, wenn ich die Worte verliere, wenn ich nicht mehr weiter weiß, wenn mir das Leid die Sprache verschlägt. Ich gebe einem Menschen den Engel in die Hand, oft ohne Worte. Dann kommen die Tränen. Dann löst sich der Panzer auf. Wenn die Menschen den Engel berühren, werden sie selbst berührt, und ich auch." Darum spricht sie nicht nur vom Schutz-, sondern auch vom Schubs-Engel: „Er begleitet schwere Wege, aber er schubst Menschen auch zurück ins Leben. Manchmal brauchen sie so einen Anstoß, nicht steckenzubleiben in der Trauer, sondern wieder aufzustehen, rauszugehen."

Gerade in Schwellen- und Abschiedssituationen kann der Engel als handfester Segenswunsch und haptische Vergewisserung des Glaubens dienen, weil wir manches nur begreifen, wenn wir es be-greifen können. Schon Martin Luther wusste: In Sterbesituationen, in denen wir vor Schmerzen kaum noch klare Gedanken fassen können, ist es tröstlich, sich an ein Kruzifix zu klammern. Manchmal schlagen solche Symbole gerade dann eine Brücke zu den Lebenden. So erinnert sich der Seelsorger Heinz Padell: „Ein Sohn kam zu mir voller Schuld und Trauer darüber, dass er seine Mutter hat alleine sterben lassen." Sehr oft hatte er an ihrem Bett gesessen, aber am letzten Tag nicht kommen können. „Wir sind zusammen zu ihr gegangen. Sie hatte den Engel noch immer in der Hand, und ein letzter Hauch ihrer Wärme war noch in ihm. Die Bronze hält die Wärme fest. Ich habe den Engel vorsichtig aus ihrer Hand gelöst und dem Sohn übergeben: Sie war nicht allein." Im Nachwort des oben erwähnten Buches schreibt der Engelforscher Uwe Wolff:

Vielleicht berührt der Bronzeengel so tief, weil in ihm beides mitschwingt: der unsichtbare Engel Gottes und der Mensch, der für den anderen zum Engel geworden ist. Denn gerade in Grenzsituationen erleben wir ja, wie sich unser verfestigtes Bild von der Wirklichkeit und auch unser Selbstbild einer neuen Wahrnehmung öffnet. Plötzlich bricht eine neue Tiefendimension in uns auf. Wir blicken plötzlich durch, finden Halt und Orientierung.

Ich erwähnte oben, dass solche Figuren Missverständnisse auslösen können, wenn sie zu gegenständlich oder gar magisch verstanden werden. Die Engel der Bibel entziehen sich jedem Bildnis. Für einen flüchtigen Augenblick tauchen sie auf, handeln und entschwinden ohne Spur. Ihr Sein besteht allein in ihrer Botschaft. Sie verweisen auf die unbegrenzten Möglichkeiten ihres Auftraggebers. Gottes Boten müssen nicht Männer mit Flügeln sein, es kann auch ein Mensch dem anderen zum Engel werden. Viele Empfänger des Bronzeengels haben das begriffen. Wie der Vater, dessen 23-jährige Tochter bei einem Unfall bewusstlos im Auto eingeklemmt war. Während alle Umstehenden auf die Rettungsdienste warteten, ging einer auf das Fahrzeugwrack zu, fasste durch das zerstörte Fenster und hielt die Verunglückte am Arm. Während er tröstend auf sie einsprach, starb die junge Frau. Der Vater ist überzeugt, dass seine Tochter damals nicht allein war: „Bei ihr war ein Engel, der ihr für ihren letzten Atemzug Geborgenheit gab. Dafür sind wir bei allem Schmerz, aller Trauer, sehr dankbar. Was lag näher, als dass wir ihm den Bronzeengel schenkten."

Auch wenn moderne Menschen beim Thema Engel an die Grenze ihrer Begriffe stoßen, möchten sie doch nicht ganz darauf verzichten. So ist jeder zweite Deutsche von der Existenz eines persönlichen Schutzengels überzeugt. Offenbar berühren Engel besondere Tiefen unserer Seele, eröffnen archetypische Bilder und eine uralte Sehnsucht. Eine Ahnung, dass etwas größer ist als wir, dass diese Macht eingreifen kann in unser Leben und dass es gut ist, mit ihr verbunden zu sein. Eine Gewissheit, dass wir besucht werden in Krisen und Träumen, dass wir in Nöten nicht allein sind. Solche Engelsspuren gibt es in fast jeder Biographie. Unser schlichter Bronzeengel will an diese uralte menschliche Gewissheit erinnern.

Die Meerschweinchenkirche

Vor einigen Jahren besuchte ich mal wieder Hagenbecks Tierpark in Hamburg-Lokstedt. Auf den Wegen wimmelte es von Kindern, die sich vor allem vor dem kleinen Meerschweinchen-Dorf drängelten. Auf den Dorfstraßen knabberten etwa 60 kuschelige Schweinchen am Gras oder wuselten um die liebevoll bemalten Häuser. Gespannt schauten die Kinder zu, wie die Tiere in den Holzhäusern aus- und eingingen, auch die Türen ihres kleinen Kindergartens standen einladend offen. Nur nachts wurden die Tore geschlossen, um die Tiere vor Mardern, Raubvögeln und anderen Gefahren zu schützen.

Allein die helle schlanke Kirche mit einem zwei Meter gen Himmel ragenden Turm wirkte öde und abweisend. Ein Tor mit Schloss versperrte den Weg in den Vorgarten. Die Kirche selbst hatte gar keinen richtigen Eingang, die Türen waren nur aufgemalt. „Gemein", sagte eine Mutter neben mir, „Gott ist doch für Menschen und Tiere da!" Recht hatte sie. Als ein Kind den Tierpfleger fragte, warum die Kirche geschlossen sei, sagte der nur: „Der Pastor hat Urlaub." Das war natürlich eine Ausrede. In Wahrheit hatte es vor Jahrzehnten Streit um diese dörfliche Idylle gegeben. Ein engstirniger Pastor hatte dagegen protestiert, dass Schweinchen eine Kirche besuchten. Er witterte Gotteslästerung.

Auch wenn es sich um ein Spielzeugdorf handelt: In Zeiten, in denen wir offene Kirchen propagierten, hielt ich diese verrammelte Kirche für ein falsches Symbol. Kirchen sollen offen sein für das Leben. Da nicht ganz klar war, ob es eine katholische oder eine evangelische Kirche sein sollte, setzte ich mich mit meinem Kollegen vom Erzbistums zusammen, um die Sache ökumenisch zu regeln. Wir waren uns schnell einig: Auch Kaninchen und Meerschweinchen sollen in diese Kirche gehen dürfen, zumal Bruder Hase und Schwester Meerschwein wie wir Geschöpfe Gottes sind. „Macht die Meerschweinkirche auf!", forderten wir öffentlich und registrierten großes Aufatmen bei Hagenbeck. Ein pensionierter Tierpfleger sägte zur Freude der Kinder Türen in die Meerschweinchenkirche, das Tor an der Gartenpforte wurde geknackt und 1999 eröffnete ich die Kirche im Beisein des Fernsehens. Sehr schnell versammelte sich eine Art Kirchenvorstand um meine mitgebrachten Möhren und eroberte das Kirchengrundstück. Die augenzwinkernde Symbolhandlung wurde überall freundlich kommentiert oder glossiert und auch *Die Zeit* fand es erfreulich, „dass die Meerschweinchen in den Schoß der Kirche zurückgefunden haben".

Die Kirche gehört auch bei Hagenbeck ins Dorf.
(Mit freundlicher Genehmigung von Tierpark Hagenbeck)

Tatsächlich hat sich das Verhältnis der Kirche zu unseren tierischen Mitgeschöpfen in letzter Zeit verändert, was längst überfällig war. Schon lange mahnten Pfarrerinnen wie die hessische Christa Blanke öffentlich: „Wo erhebt meine Kirche ihre Stimme für die armen Kreaturen, die zum Schlachten quer durch Europa gekarrt werden, die Jahr für Jahr an Grenzen verhungern, verdursten und ersticken? Wo schreit meine Kirche für die Stummen, für Schwester Kuh und Bruder Pferd, für das Lamm Gottes?" Das Ehepaar Blanke veröffentlichte bereits 1988 das „Glauberger Schuldbekenntnis", in dem Theologen und Theologinnen bekennen, die Tiere in ihrem Glauben vergessen und „lebensfeindliche Tendenzen" geduldet zu haben. Ein Umdenken in dieser Frage war für sie die notwendige Voraussetzung für jede positive Veränderung und Versöhnung in der Welt.

Zwar konnte ich die kämpferische Radikalität der Blankes nicht in allen Punkten mitgehen, auch bin ich bisher keineswegs zum Vegetarier geworden. Dennoch halte auch ich es für geboten, unsere animalischen Geschwister stärker als bisher mit Verantwortung und Respekt zu behandeln.

Dass wir sie weder mörderisch quälen noch puppengleich vermenschlichen dürfen, hatte ich einst mit dem ARD-Film „Friede den Menschen – Friede den Tieren" darzustellen versucht. Er zeigte Beispiele eines versöhnten Miteinanders von Menschen und Tieren, die häufig eine helfende, heilende Rolle spielen. In der Erziehung von Kindern, der Begleitung von Behinderten, der Therapie von schwer Erziehbaren oder der Gesellschaft von Alten beweisen viele Tiere erstaunliches Einfühlungsvermögen und unerschütterliche Treue. Der Film endete mit einem Tiergottesdienst, zu dem die eingeladenen Kinder ihre Stoff- und Schmusetiere mitbrachten. Auf die Anwesenheit lebendiger Tiere wollten wir wohlweislich verzichten. Schließlich sind Hund und Katze nicht dafür geschaffen, gemeinsam mit den Menschen zum Gottesdienst zu gehen und nebeneinander auf der Kirchenbank zu sitzen. Der Gesang ist ihnen fremd, die Texte können sie nicht lesen und eine volle Kirche mit Fernsehkameras entspricht auch nicht einer artgemäßen Tierhaltung. Stattdessen ist es richtiger, die Tiere über Wiesen und Felder galoppieren, hoppeln, watscheln oder fliegen zu lassen, während die Menschen in der Kirche auch für sie mitsingen: „Geh aus mein Herz und suche Freud."

Gespräche im Taxi

Als das abendliche Medientreffen beim katholischen Erzbischof zu Ende war, wollte ich schnell nach Hause. Auf der „Langen Reihe" winkte ich mir ein Taxi und ließ mich auf den Rücksitz fallen: „Ich möchte nach Eppendorf", sagte ich nach vorn zum Fahrer mit den wild gekräuselten Locken. „Wieso, Sie sind doch Herr Westphal?", entgegnete er mit munterer Stimme. „Ja …?", sagte ich vorsichtig abwartend. „Dann müssen wir doch in den Loehrsweg 5", stellte er fest und ergänzte fröhlich: „Ich habe Sie mal vor fünf Jahren gefahren, da wollten Sie zu einer großen Geburtstagsfeier im Moorkamp. Die Bischöfin war auch da." Ich staunte: „Und das haben Sie sich gemerkt?" – „Ich habe ein gutes Gedächtnis", lachte er: „Davor habe ich Sie mal zu verschiedenen Spielzeuggeschäften gefahren, weil Sie ein bestimmtes Wiking-Auto suchten. Haben Sie das inzwischen gefunden?" – „Das weiß ich nicht mehr", musste ich zugeben. Aber mir dämmerte, dass mein Fahrer aus Sri Lanka stammte. Wir kamen in ein nettes Gespräch, und in Eppendorf war mir klar, dass auch ich ihn nächstes Mal sofort wiedererkennen würde.

Ich erlebe Hunderte solcher Gespräche, denn ich fahre seit fast 40 Jahren Taxi – oder Fahrrad. 1974, in meinem Predigerseminar in einem niedersächsischen Wald, übte ich täglich Autofahren mit dem alten Volvo meines Kollegen Jochen. Als ich mir aber bei einem wilden Tanz mit seiner norwegischen Frau die Hand brach, wurde ich lange in Gips gepackt. Da verzichtete ich auf Führerschein samt eigenem Auto und wurde treuer Taxi-Fahrgast. So spare ich die Zeit der Parkplatzsuche, schone meine Nerven, habe kaum mehr Kosten als mit eigenem Auto und führe meist gute Gespräche mit interessanten Menschen: Da ist der ruhige Perser, der sehr an meinem Beruf interessiert ist und bei jeder Fahrt mehr wissen will. Einmal fuhr er mich in eine Nachbarstadt, wo ich einen Vortrag über das Fasten halten sollte. Er kam mit in den Saal, beteiligte sich an der anschließenden Diskussion und erzählte von seinen islamischen Fastenerfahrungen.

Da ist der kritische Dozent, den die DDR ins Gefängnis geworfen hatte, der stets ein anderes Buch auf dem Fond liegen hat. Er traktiert mich stets so intensiv mit Thesen und Fragen, etwa zu Jesus, dass das Fahren zur Nebensache wird und wir oft noch am Zielort stehen und weiterdiskutieren. Weil wir gleich alt sind, ist er im Übrigen überzeugt, dass wir die gleichen Lebensprobleme haben, die er ausführlich erörtern möchte.

Oder der ehemalige Drucker, an dessen Rückspiegel ein Engel baumelt, ein Geschenk von seiner Tochter. Schade, dass er vor Monaten aus Altersgründen seine Lizenz abgab und sich verabschiedete. Aber nach sieben Wochen war er wieder da, weil ihm das Rentnerdasein auf den Geist gegangen war – und vermutlich auch seiner Frau. Am Ende des Jahres will er einen neuen Anlauf machen. Fahrer und Fahrgäste sind gespannt …

Schließlich der Deutsch-Pole, der so wunderbar erzählen kann. Zum Beispiel von der Zeit, als er noch Artist beim polnischen Staatszirkus war und akrobatisch von Reck zu Reck flog. 1985, als sein Zirkus in die polnische Stadt Pińczów einzog, sah er auf dem Zebrastreifen eine junge Frau, die ihn gleich faszinierte. Sofort sprang er aus seinem Wagen und verwickelte sie – ohne sich um die hupenden Hintermänner zu kümmern – in ein Gespräch. Er lud sie in den Zirkus ein und heiratete sie zwei Jahre später in Dänemark. Heute leben sie mit ihren beiden Töchtern in Hamburg. Wenn wir eine längere Fahrt nach Hildesheim oder Cuxhaven unternehmen, kommt seine Frau manchmal mit. Zu Weihnachten bringt er mir selbstgemachte polnische Spezialitäten vorbei.

Taxifahrer Christoph Spyth war einst Akrobat im polnischen Staatszirkus.

Auf Hamburgs etwa 8000 Straßen und Plätzen fahren über 4000 Taxifahrer, von denen ich mittlerweile viele kenne und umgekehrt. Wenn ich in Eppendorf beim Taxistand anrufe, muss ich meine Adresse meist nicht nennen. Wir erkennen uns schon an der Stimme. Da bin ich Stammgast in vertrauter Atmosphäre, wir lachen und erzählen. Häufig berichten die Fahrer auch von Problemen mit Gesundheit, Familie und Beruf. Das Taxengeschäft gibt heute Vielen Anlass zur Sorge, aber die Freiheit ist ihnen wertvoll wie auch der Umgang mit Menschen. Gute Taxifahrer sind manchmal handfeste Therapeuten und fürsorgliche Begleiter, gerade für alte Fahrgäste. Ich wiederum bin mitunter als Seelsorger gefragt, etwa als mich ein Taxifahrer zu einem Weihnachtgottesdienst ins Gefängnis fuhr. Er seufzte: „Am liebsten wär ich jetzt auch im Knast!" Erstaunt fragte ich zurück: „Sie wollen Heiligabend im Gefängnis sein?" – „Ja", sagte er bitter und zog den Wagen in eine Kurve.: „Heiligabend ist für mich ein furchtbarer Tag!" Ich sah fragend hinüber, da sprudelte es auch schon aus ihm heraus: Weihnachten bedeute ihm gar nichts mehr, seit ihn seine Frau verlassen habe. Er wolle die ganze Nacht Dienst tun, um nicht allein zu sein. Pausenlos erzählte er weiter. Wir waren längst am Ziel, vor dem Gefängnis ein geschmückter Baum. Was kann der Sinn des Lebens sein? Ich hörte zu und versuchte, ihm etwas zu sagen. In solch fahrbarem Wohnzimmer entsteht manchmal mehr Nähe und Intensität als in einem Pastorat. Er drückte mir zum Abschied die Hand. Ich wünschte ihm Segen und fragte mich: Warum gibt es eigentlich keinen Taxenpastor? Oder bin ich es schon längst?

Mach mal Sonntag!

Der Bundespräsident war offensichtlich sauer auf uns. „Da habt ihr meine Frau ja ganz schön reingelegt", grummelte Johannes Rau auf dem Kirchentag zu einem *Andere Zeiten*-Mitarbeiter. Diese Bewertung konnte ich nicht teilen, obwohl ich natürlich wusste, worauf er anspielte:

In einem Interview, das Christina Rau mir und einem Redakteur im Schloss Bellevue gegeben hatte, kamen wir auch auf die umkämpfte Sonntagsruhe zu sprechen. Die First Lady erwähnte dabei „eine gewisse Auseinandersetzung, die ich mit meinem Mann hatte, weil ich sagte: 'Wenn man das als Politiker predigt, muss man es auch selber einhalten.' Denn die Politiker arbeiten sonntags oft genauso viel wie in der Woche. Auch hier geht es um Glaubwürdigkeit." Ihre Bemerkung hätte nicht weiter für Aufregung gesorgt, wenn sie nicht BILD zum Anlass genommen hätte, an hervorgehobener Stelle von einem Streit im Hause Rau zu berichten. Das ließ den – von mir sehr geschätzten, bibelfesten – Präsidenten grummeln, vielleicht auch deshalb, weil seine Frau in der Sache einen wunden Punkt berührt hatte: Wann immer Politiker, Fußballfunktionäre oder Gewerkschafterinnen eine Krise am Wickel haben, treffen sie sich an dem Tag, der einst für Gottesdienst, Besinnung, Muße und Gemeinschaft geschaffen wurde. Der Sonntag wird wie selbstverständlich zum Nachsitzen missbraucht, als sei er ein ganz normaler Ersatztag für unerledigte oder dramatische Aufgaben.

2001: Der Autor und Volker Gilbert interviewen Christina Rau im Schloss Bellevue.

Dabei bezog sich die Aufforderung des dritten Gebotes, den Feiertag zu heiligen, von Anfang an auch auf gesellschaftliche Ziele. Auch die sozial Schwächeren wie Kinder, Sklaven, Fremde, ja sogar arbeitende Haustiere sollten sich die Ruhe des Sabbattages gönnen, der ein Erinnerungstag an das Geschenk der Freiheit war. Mit dem Sonntag erhalten auch die Christen einen Tag unbeschädigten Lebens, den sie als unantastbar heiligen sollten. Darum haben die Väter und Mütter des Grundgesetzes den Sonntag und die staatlich anerkannten Feiertage „als Tage der Arbeitsruhe und der seelischen Erhebung" geschützt. Sie wollten uns Zeit für Gott und für uns selbst einräumen. Würden wir auch an diesem Tag lediglich das machen, was wir bereits die ganze Woche tun, nämlich arbeiten und konsumieren, könnten wir schnell zu einer Rundumgesellschaft werden, die ihre Mitte und ihre Gleichzeitigkeit vollends verliert. Darum haben wir mit Kampagnen wie „Gott sei Dank, es ist Sonntag" oder „Mach mal Sonntag!" immer wieder daran erinnert, wie wichtig diese 52 Inseln für die Seele sind.

Allerdings muss ich gestehen, dass ich mich selbst nicht immer an die Sonntagsheiligung gehalten habe. Als ich 22 Jahre lang Chefredakteur eines Kirchenblattes war, saßen wir einmal im Monat ausgerechnet am Sonntag im Büro und fertigten Überschriften, Vorspänne, Bildunterschriften … erst abends war das Blatt fertig. Ich auch, und vom Sonntag hatte ich nicht viel gehabt. Als ich dann andere Aufgaben übernahm, waren die Sonntage plötzlich frei. Doch mit dieser neuen Freiheit umzugehen lernt man nicht von heute auf morgen. Anfangs saß ich tatenlos da und wurde von mancher Sonntagsdepression ereilt. Ich beschloss, meinen Sonntag systematisch zu planen und bewusst zu genießen. Bei der Kleidung fing es an, sie sollte sich vom Alltag unterscheiden. Nach dem Gottesdienst telefonierte ich mit der alten Witwe meines Professors, in aller Ruhe, eine Dreiviertelstunde lang. Mittags kochte ich etwas Schönes nur für mich. Ich deckte den Tisch, zündete eine Kerze an und genoss mein Mahl in aller Ruhe. Nach einer kleinen Siesta ging ich Kuchen kaufen und besuchte einen Freund. Bei Tee und Kuchen ordneten wir zwei Stunden lang Politik, Kirche, Fernsehen und Fußball: die ganze Welt, jeden Sonntag. Mein Rückweg wurde ein längerer Spaziergang. Für den Abend suchte ich mir etwas im Fernsehen aus, nahm mir ein Buch vor oder schrieb Tagebuch.

So schuf ich meinen Sonntagen feste Inhalte und eine Struktur, die sich bis heute bewährt hat. Natürlich will ich für spontane Begegnungen flexibel bleiben, aber meine Sonntage haben nun ein hilfreiches Geländer. Ich habe mir sogar angewöhnt, meine Vorhaben morgens aufzuschreiben und abends abzuhaken. So haben meine Wochenenden mehr Rhythmus und Festlichkeit, und auch die beginnende Woche hat davon profitiert.

Übrigens hatte Christina Rau in besagtem Interview auch darauf hingewiesen, dass die Zeit bei ihrem Mann in besonderer Weise durch das Kirchenjahr bestimmt sei. Tatsächlich bietet es uns mit seinen Fastenzeiten und Festtagen einen sinnvollen Rhythmus an, der nicht nur unserer Seele, sondern auch unserer Gesellschaft und unserer Wirtschaft guttun kann. Darum habe ich nicht nur mit dem Verein *Andere Zeiten* immer neue „Initiativen zum Kirchenjahr" entwickelt, sondern schon als Öffentlichkeitspastor für den Erhalt unserer Feiertage gekämpft.

1994 kamen einige Politiker auf die wenig originelle Idee, einen gesetzlichen Feiertag zur Finanzierung der Pflegeversicherung zu streichen. Himmelfahrt, Pfingstmontag oder 2. Weihnachtstag kamen schon mit Blick auf die Lobby der Freizeitindustrie nicht infrage, die zusätzlichen Feiertage im Süden bewachten die katholische Kirche und Edmund Stoiber. So traf es den evangelischen Buß- und Bettag, mit dessen Lage – zwischen Volkstrauertag und Ewigkeitssonntag – und Thema man am wenigsten anfangen konnte. Dabei wäre es für unsere Gesellschaft mehr als sinnvoll, den verfahrenen Zustand unserer Welt zu bedenken, in sich zu gehen und umzukehren. Als der Kampf um den Bußtag auf seinem Höhepunkt war, verhüllten wir die Senatsbank in der Hamburger Hauptkirche St. Michalis, dem sogenannten Michel, öffentlich mit einem violetten Bußtuch, demonstrierten mit Posaunenchören vor dem Kieler Landtag und organisierten in Schleswig-Holstein ein Volksbegehren, leider ohne Erfolg.

Ob die Streichung dieses Tages den gewünschten materiellen Effekt hatte, muss bezweifelt werden. Schon mehren sich die Stimmen für die Wiedereinführung des freien Bußtages, der in Sachsen immer noch eingehalten wird.

1994: Proteste vor dem Kieler Landtag gegen die Streichung des Bußtags.

Es ist unklug, Atempausen zu streichen und Feiertage zu Geld zu machen. Wichtiger als die Schnelligkeit unserer Zeit und die lebensfeindliche Ideologie, Zeit sei Geld, ist ihre innere Qualität, ihre Dichte und Tiefe. Es tut gut, auf ihren gelassenen Atem und ewigen Rhythmus zu hören und in die Melodie der Schöpfung einzustimmen. „Gott ordnet unsere Zeit in Tage der Arbeit und der Ruhe, der Trauer und der Freude. Man kann sich ihm anvertrauen wie einem Boot, das sich auf dem Wasser wiegt", schreibt Johanna Haberer. Und man muss wissen, dass unsere Zeit einmalig und endlich ist. Sie hat ein Ziel, in dessen Licht unsere alltäglichen Probleme sehr klein werden. Unsere Zeit ist nur geliehen und es ist wichtig, sie nicht öde und entleert zu erleben, sondern sie sinnvoll so zu füllen und zu gestalten, dass wir sie dereinst als eine gesegnete Zeit zurückgeben. Für alle Ewigkeit.

Martin Lätzel

»Was Dichter glauben«

Gespräche über Gott und
Literatur

2011, 144 Seiten, Pappband,
ISBN 978-3-8048-4505-3, € 14,95

**Erhältlich im Handel oder direkt
beim Friedrich Wittig Verlag:**
℡ 0431/55 77 9-206, Fax -292
vertrieb@wittig-verlag.de
www.kirchenshop-online.de

Bekannte SchriftstellerInnen beantworten die „Gretchenfrage". Denn in der Literatur geht es auch – und oft gerade – um Gott. Überraschende Statements mit unkonventionellen Einsichten.

Interviews mit: Zsusza Bánk, John von Düffel, Willy Fährmann, Wilhelm Genazino, Erwin Grosche, Ulla Hahn, Peter Härtling, Edgar Hilsenrath, Günter Kunert, Frido Mann, Eva Menasse, Jutta Richter, Rafik Schami, Ingo Schulze, Burkhard Spinnen, Hans-Ulrich Treichel, Feridun Zaimoglu und Juli Zeh

»In dem Buch begegnen sehr unterschiedliche Antworten auf die Frage nach dem, was das menschliche Leben übersteigt oder auf sich selbst zurückwirft. Die Befragten zeigen Offenheit für Religiöses, verwahren sich aber gegen Vereinnahmung ... Lebendig wird das Buch auch durch Skeptiker wie Günter Kunert, durch Fundamentalkritiker wie Frido Mann oder Agnostiker wie Ingo Schulze. Weitere klingende Namen sind unter anderen Ulla Hahn, Peter Härtling, Rafik Schami, Feridun Zaimoglu oder Juli Zeh. Lätzel fragt lebensnah und abwechslungsreich; die Antworten verraten viel über die jeweilige Persönlichkeit ... Das Werk schließt eine Lücke im Dialog zwischen Theologie und Literatur.«

(Christ in der Gegenwart)

Siegfried von Kortzfleisch

»Reden und reden lassen«

Reden halten und Gruppen moderieren: Ein praktischer Leitfaden

2011, 60 Seiten, Pappband,
ISBN 978-3-7984-0808-1, € 9,95

**Erhältlich im Handel oder direkt
beim J. F. Steinkopf Verlag:**
✆ 0431/55 77 9-206, Fax -292
vertrieb@steinkopf-verlag.de
www.kirchenshop-online.de

Eine Rede halten. Fast jede/r kommt irgendwann in diese Verlegenheit, die keine sein muss. Was ist zu beachten? Sind Fehler vermeidbar? Der Verfasser, Journalist und Rhetorik-Trainer, beantwortet diese Fragen wie in einer guten Rede: leicht verständlich und unterhaltsam. Er gibt konkrete Hilfen für Laien und Profis.

Denn die Regeln, um mit einer Rede gut anzukommen, sind einfach: Sprich zielgerecht, transparent und gewinnend. Dieses Buch gibt unverzichtbare Tipps. Wer sie befolgt, wird gerne gehört.

»„Yes, we can." Das ist die fröhliche Botschaft des praktischen Leitfadens „Reden und Reden lassen" … Der Leser freut sich: Reden halten kann man lernen. Das Handwerkszeug dafür stellt der Autor zur Verfügung: bildhaft, klar, unprätentiös, aufmunternd … Warum liest sich der Leitfaden so leicht? Er eignet sich sogar als morgendliche Lektüre in der U-Bahn. Von Kortzfleisch spricht den Leser direkt an. Das ist das Geheimnis. Es ist zugleich ein Stilmittel. Das Büchlein, das in jede Handtasche passt, ist ein Dialog. Bald erkennt der Leser: Diese stilistische Raffinesse erzeugt Unmittelbarkeit und taugt vielleicht auch für manche gute Rede. Die praktischen Beispiele untermauert der Autor zusätzlich durch seinen Schreibstil.«

(Cornelia Strauß)